DER ROTE FADEN

2001

Costa Brava

In der vorderen Umschlagklappe finden Sie eine Übersichtskarte der Costa Brava und in der hinteren Klappe einen Stadtplan von Barcelona.

DER ROTE FADEN Andreas Drouve

Costa Brava

mit Barcelona & Pyrenäen

VISTA POINT VERLAG

INHALT

»Blaues Paradies«

Willkommen an der Costa Brava

Markanter Blickfang: ▷ das Dalí-Haus in Port Lligat

Brava hat man die *Costa* genannt, »wilde Küste«. Felsenzungen schieben sich weit ins Meer hinein, Klippen stemmen sich gegen peitschende Winde und Wogen, bizarre Inseln ragen wie Haifischflossen empor. So rau und unzugänglich sie sein kann, so offen und verträumt liegt sie andernorts da. Mit langen sandigen Strandbändern, kleinen Buchten, dem blau-türkisfarbigen Schimmer des Wassers, ganz so, als wär's ein Kitschbild aus dem Hochglanzprospekt. Ihre landschaftlichen Kontraste, ihr mildes mediterranes Klima, ihr Miteinander von Badestränden und Fischerdörfern formen die Costa Brava zu einer der schönsten Küsten Südwesteuropas – und zu einer sommerlichen Besucherhochburg von Hunderttausenden.

Costa Brava bezeichnet den mehr als 200 Kilometer langen Küstenabschnitt von der französisch-spanischen Grenze bei Portbou bis hinab nach Blanes, wo der Riu Tordera ins Mittelmeer mündet. Wegen der hervorragenden Umweltqualität sind in jüngster Zeit mehr als 30 Strände mit der »Blauen Europäischen Flagge« geadelt worden. Kristallklares Wasser und Licht haben schon in den 1920er und 1930er Jahren eine ganze Reihe von Künstlern an die Costa gelockt. Für Marc Chagall war Tossa de Mar sein »blaues Paradies« und Quelle der Inspiration, Spaniens Vorzeige-Exzentriker Salvador Dalí baute sich in Port Lligat ein Ensemble aus Fischerkaten zu Atelier und Wohnhaus um und geriet beim Blick auf die Bühne der Natur ins Schwärmen: »Der Morgenwind schreibt das Lächeln fröhlicher kleiner Wellen auf das Wasser; abends ist das Wasser wegen der vorgelagerten Inseln, die aus Port Lligat eine Art See machen, häufig so glatt, dass es das erregende Schauspiel des ersten Zwielichts am Himmel spiegelt.« Apropos Schauspiel: als solches eröffnet sich das »dalianische Dreieck« Port Lligat–

Figueres–Púbol. Kuriosere Interieurs als in Dalís Wohnhaus in Port Lligat und im »Theater-Museum« von Figueres wird man schwerlich finden.

Von Betonburgen à la Torremolinos und Benidorm ist die Costa Brava weitgehend verschont geblieben, von Eisbein-mit-Sauerkraut-Schildern nicht. Viele Deutsche haben Spaniens wilde Küste zu ihrer Wahlheimat, ihrem sommerlichen Lieblingsziel erkoren; das hat ihr unter Spöttern den Spitznamen »Teutonengrill« eingebracht. Wobei die Costa über populäre Grillplätze hinaus eine ganze Reihe von Beilagen auftischt. Nicht nur Dalí, sondern Klöster und Burgen im Hinterland, Ruinenareale aus iberischen und römischen Zeiten, urige Orte mit gepflasterten Gassen und Bruchsteinhäusern. Womit sich gleich die Kernfrage anschließt, wo es am schönsten und was wiederum Geschmackssache ist. Aber wir können ja ein wenig Appetit auf eine faszinierende Region der Kontraste machen: auf die Badebuchten bei Begur und El Port de la Selva, den Altstadthügel von Tossa de Mar, das Bergkloster Sant Pere de Rodes, das Tauch- und Schnorchelparadies der Medes-Inseln, auf einen Spaziergang durchs Mittelalter in Peratallada und über die Stadtmauern von Girona, eine Wanderung durch das Naturschutzgebiet Aiguamolls de l'Empordà sowie die Panoramastrecken Portbou–Colera und Sant Feliu de Guíxols–Tossa de Mar. Weiter pyrenäenwärts setzt sich das Spektrum der Entdeckungen fort. Ob rund um den Banyoles-See, im grünen Vulkanpark Garrotxa, in der alten Benediktinerabtei Ripoll oder der Bischofsstadt La Seu d'Urgell. Ein Kapitel für sich ist Barcelona, das für mehrere Tage ausreicht. Schlag auf Schlag geht es hier von der Flaniermeile Rambla zu Antoni Gaudís Jahrhundertarchitektur (der Sagrada Família), vom Gotischen Viertel bis zum Olympiahafen, vom Picasso-Museum in die alten Königlichen Werften.

Alle Ziele eint ihre Lage: in Katalonien nämlich, einer von jeher für ihren Stolz bekannte Region, in der die politischen Spitzen jüngst auf die Nummernschilder ihrer Dienstwagen nicht etwa ein *E* für *Espanya*, sondern ein *CAT* für *Catalunya* aufgeklebt haben – zum Ärger Madrids, wie immer. Katalanisches Selbstgefühl drückt sich ganz wortwörtlich im Gebrauch des *català* aus, dem seit dem 12. Jahrhundert schriftlich fixierten Katalanischen. Neben Hochspanisch *(castellano)*, Galicisch *(gallego)* und Baskisch *(euskera)* bildet das *català* eine der vier verfassungsmäßig verankerten Sprachen Spaniens und hat sich im Lauf der Geschichte bis nach Aragonien, Valencia, Mallorca und selbst nach Südfrankreich und Sardinien ausgebreitet; im Fürstentum Andorra ist es sogar Hauptsprache.

Auf Katalanen ist Verlass, Regionalpatriotismus geht über alles. Dass sie ihre politische Eigenverantwortlichkeit ausreizen und überdies von Organisationstalent und ausgeprägtem Geschäftssinn *(seny)* beseelt sind, macht sie in den Augen anderer Spanier suspekt. Selbst beim Volkstanz Sardana kommen Katalanen nicht ohne Rechnen aus, sticheln sie: beim Zählen der Schritte. Doch es mag recht und billig sein, dass sie die Flut ihrer lohnenden Ziele in klingende Münze verwandeln. Unzweifelhaft steht die katalanische Dienstleistungsgesellschaft auf der Höhe der Zeit – wovon Tourismus und Service überall profitieren und was nicht heißen soll, dass der *seny* über allem steht. Selbst erfahrene Spanien-Reisende dürften sich wundern, wie freundlich der Fremde in vielen katalanischen Örtchen noch begrüßt und aufgenommen wird.

Die katalanische Flagge – Symbol des Regionalstolzes

Reiseregion Costa Brava

Die Routenplanung

Meer und viel mehr: Zwar bieten die über 200 Kilometer Costa Brava ein großes touristisches Potenzial, doch weiteres Gutes liegt greifbar nah und ist im Rahmen unserer Routen erfasst worden. Die für dieses Buch ausgearbeiteten zwölf Routen können zu einer großen Rundreise kombiniert werden, die – je nach Zeit und Lust – zwei bis drei Wochen lang sein kann. Auch wenn Busse und Bahnen viele der angeführten Ziele ansteuern, bleibt das eigene Fahrzeug bzw. der Mietwagen nahezu unverzichtbar. Die Gesamtkilometerzahl aller Routen samt ausführlich beschriebener Abstecher beläuft sich auf rund 950 Kilometer. Was sich aus der Bleifüßler-Perspektive nicht nach allzu viel anhören mag; doch es geht um wohldosierten Reisegenuss, um ganzheitliches Erleben. Landschaft, Menschen, Küche, Zeit für einen Bade-, Bummel- oder Wanderstopp. Kilometermäßig eher kurze Stücke sind häufig vollgepfropft mit verlockenden Zielen.

Einstiegsort von Route 1 ist das nahe der französisch-spanischen Grenze gelegene Portbou, der nördlichste Punkt der Costa Brava, Endpunkt von Route 12 ist das küstennahe Girona, von wo aus Autobahn und Nationalstraße problemlos zurück an die französische Grenze führen. Zwischen Routenanfang und -ende erkundet man herrliche Buchten und alte Klöster, lernt die alten Iberer und Römer kennen, folgt den Spuren Salvador Dalís, streift durch pittoreske Altstädte und mittelalterliche Ortskerne, rückt vogelreichen Feuchtgebieten, erloschenen Vulkanen und bizarren Pyrenäengipfeln nahe. Nicht zu vergessen all die sandigen langen Strände und die für die Costa Brava so typischen Steilküstenabschnitte.

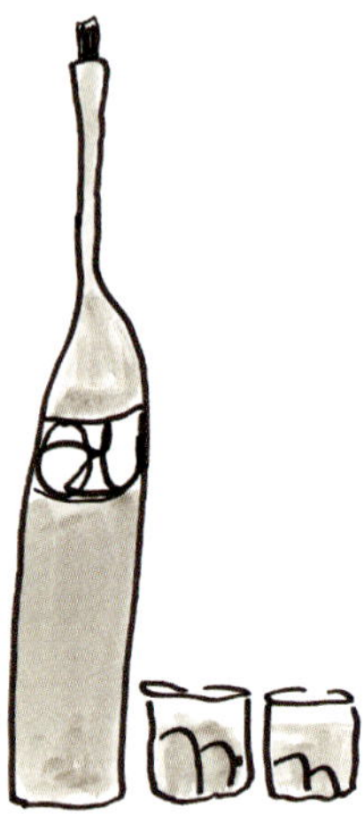

Steilküste zwischen Sant Feliu de Guíxols und Tossa de Mar

Die ersten sieben Routen stellen die von Portbou bis Blanes reichende Costa Brava und ihr unmittelbares Hinterland in den Mittelpunkt:

Route 1: Portbou – Cadaqués
Route 2: Cadaqués – Roses
Route 3: Roses – L'Estartit
Route 4: L'Estartit – Llafranc
Route 5: Llafranc – Platja d'Aro
Route 6: Platja d'Aro – Tossa de Mar
Route 7: Tossa de Mar – Blanes

Eine Sonderrolle kommt dabei Route 2 (Cadaqués–Roses) zu. Angesichts der sternförmig abgehenden

Ziele auf engem Raum sollte man in Cadaqués, Roses oder auch im nahen Empuriabrava Quartier nehmen und die vorgeschlagenen Abstecher als Stützpunkttouren verstehen.

Route 8 führt in Kataloniens Hauptstadt Barcelona, die man von vielen Küstenorten aus ebenso gut als Tagesausflug oder Zwei- bis Dreitagestrip angehen kann. Die Routen 9 bis 12 schließlich schlagen eine große Schleife durchs Hinterland bis nach Andorra sowie zu weniger frequentierten Pyrenäenorten:

Route 9: Barcelona – Cardona
Route 10: Cardona – La Seu d'Urgell
Route 11: La Seu d'Urgell – Olot
Route 12: Olot – Girona

Die gebirgigste Strecke ist jene von La Seu d'Urgell nach Olot (Route 11), die den 1800-Meter-Pass Collada de Toses überquert und im Winter gesperrt sein kann. Die Pyrenäen sind halt die Pyrenäen, viele Pässe sind während der kälteren Monate unpassierbar.

An der Küste hingegen bringen die Sommer-, sprich: Hauptferienmonate Juli und August häufig Probleme wie Staus, Parkplatznot, Engpässe bei der Unterkunftsuche und Menschenschlangen vor Museen mit sich. Und Hochsaisonpreise natürlich auch. Empfehlenswerte Monate außerhalb der Massenreisezeit sind April bis Juni und September/Oktober, wobei die Küste ganzjähriges Ziel ist. Und Barcelona sowieso. Gerade während der Wintermonate bietet sich die Museums-, Bummel- und Shoppingmetropole als Ziel eines Städtetrips an.

Unter den Stichworten »Alternativen & Extras« haben wir bei jeder Route gesonderte Tipps aufgeführt, die u. a. Abkürzungs- bzw. Kombinationsvorschläge mit anderen Routen beinhalten – so dass man sich nicht sklavisch an die vorgeschlagenen Strecken zu halten braucht. Dazu ein Beispiel: Girona, Endpunkt von Route 12, kann man ab zahlreichen Costa-Brava-Orten leicht und locker als Tagesausflug angehen. Auch auf solcherlei Bedürfnisse ist das Buch zugeschnitten.

◁ *Der Arc de Trionf fungierte 1888 als Eingangstor zur Weltausstellung in Barcelona*

Regional- und Landeschronik

Geschichte, Gesellschaft, Wirtschaft und Kultur

Um 9000 v. Chr.
Bearbeiteter Jaspis ist die früheste nachgewiesene Spur menschlicher Präsenz in Barcelona (auf dem Hausberg Montjuïc).

Ab 3000 v. Chr.
Aus dem östlichen Mittelmeerraum stoßen Kolonisierungswellen in den Osten und Süden Spaniens vor; Ackerbau, Töpferei und Totenkult (Dolmen, Menhire) breiten sich aus.

6. Jahrhundert v. Chr.
Griechische Seefahrer erreichen den Strand von Empúries und gründen die Stadt *Néa Pólis*, als Kolonie unter dem Namen *Emporion* (Markt) bekannt. Unter griechischem Einfluss wird das östliche Spanien mehr und mehr in die weit entwickelte Mittelmeer-Welt einbezogen.

Etwa 450–200 v. Chr.
Blütezeit der iberischen Kultur in Katalonien; ihre bekannteste Siedlung ist das im Küstenhinterland gelegene Ullastret. Die Iberer verfügen über ein eigenes Schriftsystem, kennen die Töpferscheibe, verwenden beim Hausbau den rechteckigen Grundriss und bringen eine beachtliche Eisenerzindustrie hervor.

3. Jahrhundert v. Chr.
Der Zweite Punische Krieg (218–201 v. Chr.) zwischen Karthagern und Römern bringt letztere für rund 600 Jahre an die Macht. 218 v. Chr. landen römische

Kriegsschiffe im Hafen von Empúries und dringen von hier aus nach Süden vor.

2./1. Jahrhundert v. Chr.
Die Römer bringen Spanien allmählich unter ihre Kontrolle, legen landwirtschaftliche Nutzgebiete (Wein, Weizen, Oliven), neue Häfen und ein ausgedehntes Straßennetz an. Unter den Stadtgründungen stechen das neue Empúries, Gerunda (Girona), Tarraco (Tarragona) und – um 15–10 v. Chr. – Barcino (Barcelona) hervor.

Ende 3./Anfang 4. Jahrhundert n. Chr.
In *Barcino* formt sich eine erste christliche Gemeinschaft; Märtyrertod der Eulàlia, der heutigen Schutzheiligen Barcelonas.

5. Jahrhundert
Auf das Ende der römischen Herrschaft folgen Einfälle von Sueben, Alanen, Vandalen und Westgoten.

6.–8. Jahrhundert
Die Westgoten beherrschen Spanien. Im Jahr 587 bekennt sich Rekkared I. zum Katholizismus, der zwei Jahre später offizielle Reichsreligion wird.

711
Über die Straße von Gibraltar dringen moslemische Berber und Araber auf die Pyrenäenhalbinsel vor und werden sich bis zum Fall von Granada 1492 halten. Sie nutzen einen Nachfolgestreit im Westgotenreich, reißen die Macht an sich und bringen das neu eroberte Land innerhalb von wenigen Jahren fast komplett unter ihre Kontrolle. In Barcelona fallen die Mauren 717 ein. Bei weiteren Expansionszügen stoppt sie Karl Martell 732 in Frankreich (Schlacht von Tours und Poitiers).

Zunächst untersteht Spanien dem Kalifat von Damaskus, bis die Omaijaden-Dynastie 756 in Córdoba ein unabhängiges Emirat errichtet. Während der Zeit des Kalifats von Córdoba (929–1031) steht das maurische Reich auf dem Höhepunkt der Macht, ehe es durch interne Zwistigkeiten der Omaijaden in

Kleinkönigreiche *(taifas)* zerfällt. Gleichzeitig rückt von Norden her die *Reconquista* vor, die mitunter alles andere als »christliche« Rückeroberung. Im Kampf gegen die Mauren steht den spanischen Streitern ein Schutzpatron bei: der heilige Apostel Jakobus, dessen vermeintliches Grab ein Einsiedler zu Beginn des 9. Jahrhunderts im heutigen Santiago de Compostela entdeckt.

784
Der Legende nach gründet Karl der Große Andorra.

Ende 8./Anfang 9. Jahrhundert
Girona ergibt sich 785 den fränkischen Truppen, die im Jahr 801 – angeführt von Ludwig dem Frommen – das maurische Barcelona erobern.

Das seit dem 6. Jahrhundert bestehende Pyrenäen-Bistum Urgell gerät im Jahr 800 ebenfalls unter Fremdherrschaft und bleibt knapp 300 Jahre lang der Kirchenregion Narbonne zugeordnet.

Zweite Hälfte 9. Jahrhundert
Guifré I. el Pilós (Wilfried der Behaarte; 840–897), Stammvater der gräflichen Dynastie von Barcelona, lässt das zentrale Katalonien wiederbesiedeln und Klöster wie Santa Maria de Ripoll und Sant Joan de les Abadesses anlegen. Im 880 gegründeten Benediktinerkloster von Ripoll entsteht eine bekannte Schreibwerkstatt.

985
Einnahme und Plünderung Barcelonas durch die maurischen Heere unter Almanzor.

988
Graf Borrell II. ruft die Unabhängigkeit der Grafschaft Barcelona aus.

11. Jahrhundert
Sozialer Wandel zu Lasten des Volkes in Katalonien; die Feudalherren haben alles unter Kontrolle und beuten – geduldet von Grafen wie Ramón Berenguer I. – die Bauernschaft aus.

1137
Durch die Heirat von Petronella de Aragón mit Graf Ramon Berenguer IV. vereint sich das Königreich Aragonien mit der Grafschaft Barcelona, wodurch Barcelona Königssitz wird.

Ende 12./Anfang 13. Jahrhundert
Die *Homilies d'Organyà* werden niedergeschrieben, Predigten, die als die ältesten Quellen in katalanischer Sprache *(català)* gelten.

13. Jahrhundert
Die Großmacht Aragonien-Barcelona/Katalonien erobert unter König Jaume I. (1208–76) u. a. Mallorca (1229) und Valencia (1238), was den dortigen Gebrauch des *català* bis in heutige Zeit erklärt. Nachfolgende Monarchen setzen die Expansionen fort und bringen Sizilien (1282) und Menorca (1287) in ihre Gewalt.

1314–24
Die Grafschaften Urgell und Empúries sowie die Cerdanya gehen an die aragonisch-katalanische Krone.

1348–81
Über Katalonien gehen neun verheerende Pestepidemien hinweg.

1391
Pogrome in den Judenvierteln von Girona und Barcelona; ohne schützenden Eingriff der städtischen Autoritäten enthauptet der Mob am 10. August jenen Jahres in Girona 40 jüdische Bürger.

1428
Das im Vulkangebiet Garrotxa gelegene Olot wird durch ein Erdbeben zerstört.

1450
Gründung der Universität von Barcelona.

1462–72
Katalanischer Bürgerkrieg, ausgelöst durch die auto-

Inquisition: Zwangstaufen sind an der Tagesordnung

ritäre Herrschaft von Joan II. (1398–1479) und verbunden mit vorläufigem wirtschaftlichen Niedergang der Region. Im Tausch gegen französische Militärhilfe verpfändet Joan II. die Pyrenäengrafschaften Roussillon und Cerdanya.

1469
Wichtiger Schritt auf dem Weg Spaniens zur Weltmacht: die Heirat der »Katholischen Könige« Fernando II. von Aragonien und Isabella I. von Kastilien. Damit vereinen sich die beiden großen Reiche.

1474
Das erste gedruckte Buch in *català* erscheint.

1487
In Katalonien breitet sich die von den Katholischen Königen eingesetzte Inquisition aus.

1492
Das »große spanische Jahr«: Im Namen der Krone entdeckt Christoph Kolumbus Amerika, in Granada fällt das letzte maurische Reich, rund 150 000 Juden werden aus Spanien vertrieben.

Barcelonas Hafen in einer alten Ansicht

1494
Vertrag von Tordesillas, in dem Spanien und Portugal ihre Besitzungen in der so genannten *Neuen Welt* aufteilen.

16./17. Jahrhundert
Siglo de Oro, »Goldenes Zeitalter« mit kultureller und wirtschaftlicher Blüte vor allem unter Karl I. und Philipp II. Spanien beutet die Kolonien gnadenlos aus und lässt riesige Mengen an Gold und Silber ins Mutterland bringen. Ein erster Wermutstropfen inmitten des Höhenflugs ist der Untergang der »unbesiegbaren Armada« 1588.

Kolumbus-Monument in Barcelona

1543
Die Costa Brava ist Ziel von vernichtenden Piratenattacken, bei denen Cadaqués und Palamós geplündert werden; 1558 folgt Barcelona.

1563–78
Die Inquisition erlebt einen traurigen Höhepunkt; in ganz Katalonien nehmen *Autodafés* (Ketzerverbrennungen) zu.

1640–59
Von Frankreich unterstützt, begehrt Katalonien gegen die spanische Zentralgewalt auf. Der Tropfen, der das berühmte Fass zum Überlaufen bringt, ist die Plünderung des Ortes Santa Coloma de Farners durch das kastilische Heer. 1652 nehmen königliche Truppen Barcelona ein, doch der Krieg endet erst 1659 mit dem Pyrenäenfrieden und - aus spanischer Sicht - dem territorialen Verlust des Roussillon. Der Landstrich Cerdanya wird aufgeteilt, Spanien verliert zahlreiche Dörfer.

1701–13/14
Spanischer Erbfolgekrieg, der nach dem Tod des letzten spanischen Habsburgers Karl II. ausbricht und bei dem die Katalanen - letztlich erfolglos - den österreichischen Erzherzog Karl auf den Thron heben. Nach 14-monatigen Kämpfen wird Barcelona 1714 von den königlichen Truppen besiegt; gleichzeitig sehen sich

die auf dem Kastell von Cardona verschanzten Truppen zur Kapitulation gezwungen. Seit dem Erbfolgekrieg haben die Bourbonen (genauer: die Nebenlinie Bourbon-Anjou) Anspruch auf den Thron – bis heute.

1717
Zum Dank für ihre bourbonische Königstreue während des Spanischen Erbfolgekriegs steigt Cervera zur vorübergehend einzigen Universitätsstadt Kataloniens auf.

Ab 1778
Freier Amerikahandel mit den Kolonien, was sich günstig auf die Hafenstadt Barcelona auswirkt.

1808–14
Einfall und schließlich Vertreibung der napoleonischen Truppen; 1812 gliedert Napoleon das stets zwischen den Fronten stehende Katalonien vorübergehend Frankreich an.

1816–25
Spanien verliert den größten Teil seiner überseeischen Kolonien, die zu unabhängigen Staaten werden; die letzten folgen 1898 (u. a. Kuba, Philippinen).

Ab 1830
Bei der Industriellen Revolution kommt Barcelona eine landesweite Vorreiterrolle zu; 1833 sind hier alleine 200 Textilfabriken ansässig. Zu weiteren bekannten Industriestädten werden Terrassa und Sabadell (»das katalanische Manchester«).

1833
Bonaventura Carles Aribau veröffentlicht in der barcelonesischen Zeitung *El Vapor* eine Ode ans katalanische Vaterland, *La Pàtria*. Es ist der Markstein der *Renaixença*, einer Bewegung, die zur Wiedergeburt von katalanischen Traditionen und des Gebrauchs des *català* führt. Der nationalistische Aufbruch gründet sich auf ein erstarktes Selbstgefühl – und das kommt nicht von ungefähr. Es fußt in erster Linie auf der industriellen Vorreiterrolle Kataloniens, während große

Teile des restlichen Spanien im alten Agrartrott vor sich hin dämmern.

1842/43
Große politisch-soziale Unruhen *(Grans bullangues)* in Barcelona, auf die das Militär mit Bombardements vom Kastell Montjuïc aus reagiert.

1848
Auf der Strecke Barcelona-Mataró nimmt Spaniens erste Eisenbahnlinie ihren Betrieb auf; wenige Jahre später werden Granollers (1854), Sabadell (1855), Terrassa (1855) und Martorell (1859) ans Zugnetz angeschlossen.

Um 1855
In Manresa und anderen Städten begehrt die Arbeiterklasse auf und pocht auf das Recht des Zusammenschlusses; erster Generalstreik in Katalonien.

1883
In Barcelona übernimmt ein junger, hoffnungsvoller Architekt namens Antoni Gaudí (Jahrgang 1852) die Bauleitung der ein Jahr zuvor begonnenen Sühnekirche Sagrada Família, an der er bis zu seinem Tod 1926 arbeiten wird - bis heute ist das Gotteshaus nicht fertiggestellt.

1888
Barcelona erlebt seine erste Weltausstellung auf dem Gebiet des heutigen Parc de la Ciutadella.

Ende 19./Anfang 20. Jahrhundert
Als neue künstlerische Strömung wendet sich der katalanische Jugendstil *Modernisme* gegen die historisierenden Stile des 19. Jahrhunderts. Er breitet sich vor allem in Barcelona aus und wird gesellschaftsfähig. Drei *Modernisme*-Überväter erhalten zahlreiche Aufträge: Lluís Domènech i Montaner (1850-1923; u. a. Hospital de la Santa Creu i Sant Pau und Palau de la Música Catalana; seit 1997 beide Weltkulturerbe), Josep Puig i Cadafalch (1867-1956; u.a. Casa Amattler, Casa Baró de Quadras) und Antoni Gaudí (1852-1926;

Plakat zur Weltausstellung 1888 in Barcelona

u. a. Palau Güell, Parc Güell und Casa Milà; seit 1984 alle Weltkulturerbe).

1895
Der aus Málaga stammende Pablo Ruiz Picasso (1881–1973) nimmt in Barcelona ein zweijähriges Malerei-Studium an der Escuela de Bellas Artes de la Llotja auf. Zwischen 1899 und 1904 ist er in verschiedenen Ateliers in Barcelona tätig und bestreitet 1900 im Künstlerlokal *Els Quatre Gats* seine erste Einzelausstellung.

1909
»Tragische Woche« *(Semana Tràgica)* von Barcelona, bei der antimilitärische und antiklerikale Kräfte aufbegehren – doch die Truppen schlagen zurück und bringen fast 2 000 Aufständische vor Militärgerichte.

1914
Nach grünem Licht im spanischen Parlament konstituiert sich in Katalonien eine Selbstverwaltung, die *Mancomunitat.*

Künstlerlokal »Els Quatre Gats«

1923
Beginn der Militärdiktatur von General Miguel Primo de Rivera (bis 1930); König Alfons XIII. hatte grünes Licht für den Putsch gegen die parlamentarische Regierung gegeben. Des Königs Hoffnung war, das von Wirtschafts- und Sozialkrisen geschüttelte Land werde sich stabilisieren – eine Fehleinschätzung. 1925 löst der Diktator die *Mancomunitat* auf.

1924
Mit dem Baubeginn der städtischen Metro stellt Barcelona einmal mehr seine Fortschrittlichkeit unter Beweis.

1929
Schauplatz der zweiten Weltausstellung in Barcelona ist der Hausberg Montjuïc.

1930
Der aus Figueres stammende surrealistische Maler und Grafiker Salvador Dalí (1904–89) lässt sich im Fischerdorf Port Lligat nieder. Erst 1982 verlässt er sein dortiges, heute als Museum zugängliches Haus, zieht für zwei Jahre auf die Burg von Púbol und schließlich nach Figueres.

1931
Gemeindewahlen bringen republikanische Kräfte an die Macht, König Alfons XIII. verlässt das Land, doch der Republik ist nur ein kurzes Leben beschieden.

1932
Katalonien erhält ein Autonomiestatut mit eigener Regierung *(Generalitat)* und eigenem Parlament.

1934
Als Präsident der *Generalitat* ruft Lluís Companys die Unabhängigkeit Kataloniens aus, doch der Aufstand wird niedergeschlagen und die Regierungsspitze inhaftiert.

1936–39
Ein Militärputsch löst den dreijährigen Spanischen

Lluís Companys, 1940 vom Militärregime unter Franco ermordet

Bürgerkrieg aus, bei dem über einer halbe Million Menschen sterben und Hunderttausende ins Exil gehen (darunter viele Katalanen). Weite Teile des Landes werden zerstört, darunter auch die heilige baskische Stadt Guernica (1937; Luftangriff der deutschen Legion Condor). Katalonien steht auf republikanischer Seite und verliert 1938 das Autonomiestatut.

Beginn der Diktatur von Francisco Franco (1892–1975), der sich bis zu seinem Tod an der Macht hält und das selbstbewusste Katalonien mit Zensur und Sprachverbot des *català* besonders unterdrückt. Nach Ende des Bürgerkriegs bleibt Spanien während des Zweiten Weltkriegs neutral, es folgen Hungerjahre und internationale Isolation.

1940

In Barcelona richten die Militärs den *Generalitat*-Präsidenten Lluís Companys hin.

In Portbou nimmt sich der vor den Nationalsozialisten geflüchtete Schriftsteller und Philosoph Walter Benjamin das Leben.

1945

Im Exil bildet sich eine neue katalanische Regierung, an deren Spitze Josep Irla, ab 1954 Josep Tarradellas steht.

1955

Spanien tritt der UNO bei, die internationale Isolation bricht allmählich auf.

1959

Im Zuge der gnadenlosen Unterdrückung durch das Franco-Regime gründen radikale Regionalisten aus dem Baskenland die Untergrundorganisation ETA, was als Abkürzung für *Euskadi ta Askatasuna,* »Baskenland und Freiheit«, steht. 1968 nimmt die ETA ihren bewaffneten Kampf auf, dem bis heute rund 1 000 Menschen zum Opfer gefallen sind.

Ab 1959/1960er Jahre
Eine Reihe von Liberalisierungsgesetzen bereitet den Boden für die wirtschaftliche Öffnung Spaniens. In den 60er Jahren setzt das »spanische Wirtschaftswunder« ein, gespeist u. a. vom Beginn des Massentourismus und den Geldüberweisungen der Gastarbeiter. Industrieller Boom u. a. in Katalonien, der Arbeitskräfte aus fast allen Landesteilen anlockt.

1973
Bei einem Terroranschlag tötet die ETA den wenige Monate zuvor von Franco ernannten Regierungschef Luis Carrero Blanco.

1975
Tod von Diktator Franco, der bereits 1969 Juan Carlos de Borbón, Enkel von Alfons XIII., zum kommenden spanischen Monarchen bestimmt hatte. Als König Juan Carlos I. wird er einer der Motoren der Demokratisierung Spaniens – das erklärt seine immens hohe Popularität.

1977
Aus den ersten Parlamentswahlen nach Franco geht Adolfo Suárez von der Demokratischen Zentrumsunion *(Unión de Centro Democrático)* als Sieger hervor. Regierung und Oppositionsparteien schließen den Moncloa-Pakt, um die Wirtschaftskrise zu überwinden.

Generalitat-Präsident Josep Tarradellas kehrt aus dem Exil nach Katalonien zurück.

1978
Nach einer Volksabstimmung tritt die neue spanische Verfassung in Kraft.

1979
Katalonien erhält ein Autonomiestatut.

1980
Bei den Wahlen zum katalanischen Regionalparlament siegt Jordi Pujol von der nationalistischen Partei *Convergència i Unió;* während der Franco-Zeit war Pujol wegen Auflehnung gegen das Regime mehrere Jahre inhaftiert gewesen.

1981
Letztlich erfolgloser Putschversuch von Teilen der paramilitärischen *Guardia Civil,* angeführt von Antonio Tejero.

Adolfo Suárez tritt als Regierungschef zurück und wird von Leopoldo Calvo Sotelo (bis 1982) abgelöst.

1982
Spanien tritt der NATO bei. Bei vorgezogenen Parlamentswahlen siegen die von Felipe González angeführten Sozialisten *(Partido Socialista Obrero Español,* kurz PSOE), die sich bis 1996 an der Macht halten.

1986
Beitritt Spaniens zur Europäischen Gemeinschaft.

Beim NATO-Referendum sprechen sich 52,5 Prozent für den Verbleib in der atlantischen Allianz aus.

1987
ETA-Sprengstoffanschlag auf das *Hipercor*-Einkaufszentrum in Barcelona, dem mehr als 20 Menschen zum Opfer fallen.

1989
Salvador Dalí stirbt in Figueres.

1992
Olympische Sommerspiele in Barcelona.

1993
Die Verfassung Andorras wird verabschiedet; sie garantiert Souveränität und freie politische Betätigung.

1996
Bei den Parlamentswahlen löst die konservative Volkspartei *(Partido Popular,* kurz: PP) González'

PSOE ab; José María Aznar wird neuer Regierungschef.

1997
Königshochzeit in Barcelona zwischen der Infantin Cristina und dem Handballspieler Iñaki Urdangarín.

1998/99
Nach einigen besonders feigen Morden gegen Gemeinderatsmitglieder der Regierungspartei *Partido Popular* sowie Massendemonstrationen gegen die ETA kündigt die baskische Terrororganisation einen einseitigen, zeitlich unbefristeten Waffenstillstand an. Dieser dauert 14 Monate lang (bis Ende 1999) und dient den Terroristen – rückblickend betrachtet – einzig dazu, sich neu zu organisieren sowie Autos, Waffen und Sprengstoff zu beschaffen.

2000
Bei den Parlamentswahlen erringt die von José María Aznar angeführte *Partido Popular* die absolute Mehrheit; unter Jordi Pujol behauptet sich *Convergència i Unió* als drittstärkste politische Kraft im Land.

Spanien wird von einer neuen Terrorwelle der ETA heimgesucht; trotz Fahndungserfolgen der Polizei verüben versprengte Kommandos blutige Anschläge u. a. in Madrid, Vitoria, Sevilla und Barcelona. Landesweite Massenproteste gegen die ETA.

Bei spätsommerlichen Waldbränden werden die Gegend um Llançà und das Bergkloster Sant Pere de Rodes stark in Mitleidenschaft gezogen.

2001
Wirtschaftlicher Aufschwung Spaniens mit einem Wachstum von drei Prozent und einer offiziell mit unter zehn Prozent angegebenen Arbeitslosenquote. Allerdings übersteigt die Inflation die Vier-Prozent-Marke und der neue Boom führt nicht zu einschneidenden sozialen Verbesserungen.

Die ETA verübt ein Attentat in Roses.

2002
Die Peseta wird durch den Euro ersetzt.

1 Zwischen Klippen und Badebuchten

Portbou bis Cadaqués

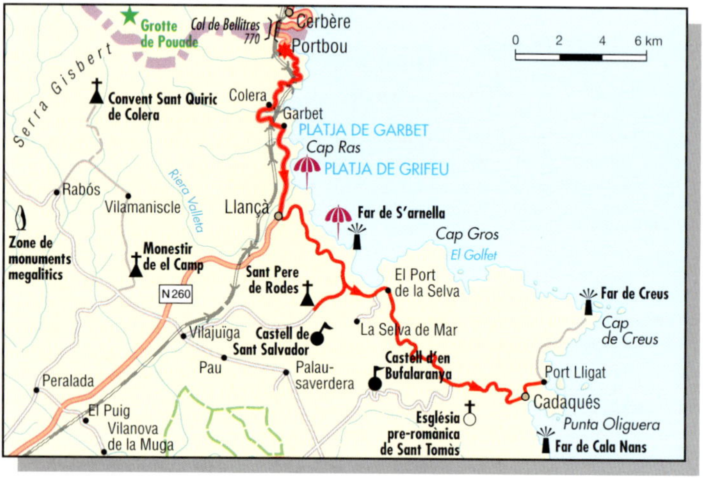

1. Route: Portbou – Colera – Llançà – El Port de la Selva – Abstecher Bergkloster Sant Pere de Rodes – Cadaqués mit Kurzabstecher Port Lligat (60 km inklusive Abstechern)

Vormittag

In **Portbou** kurzer Promenadenbummel, Besuch des Walter-Benjamin-Memorials und seines Grabes. Auf der kurvenreichen N-260 hinauf zum Panoramaparkplatz (2 km vom Ortsrand) und über Colera (Mini-Bucht) bis **Llançà** (Strände, Hafen, Hügel El Castellar). Trotz jüngster Teilausbauten der Strecke ist das Stück nichts für jene, die auf schnelles Fortkommen bedacht sind. Wegen der Meeresfrüchte-Restaurants bietet sich der Mittagsstopp im 7 km südöstlich von Llançà gelegenen Fischerort **El Port de la Selva** an. Außerdem schön in El Port de la Selva: Molenbummel und Bade- bzw. Schnorchelmöglichkeiten an der Platja del Pas und der Cala Tamariua (ausgeschildert als *Platjes i cales).*

Nachmittag
Ab El Port de la Selva steile Auffahrt zum Bergkloster **Sant Pere de Rodes** (von Llançà aus kommend: Straße kurz vor Ortsbeginn nach rechts ausgeschildert). Rückkehr nach El Port de la Selva und über die Inlandshügel 12 km weiter nach **Cadaqués**. In Cadaqués Promenadenbummel und kurze Fahrt nach **Port Lligat** mit Besuch des Salvador-Dalí-Hauses (Achtung: komplizierte Öffnungszeiten, telefonische Vorab-Reservierung, siehe S. 41). Ggf. noch Vorgriff auf Route 2 mit dem Abstecher zum Cap de Creus.

Alternativen & Extras
Rund 20 km westlich von Llançà liegt ein typisch ländliches Stück Katalonien mit schönen Weingärten um **Sant Climent** (Weinverkauf) und **Espolla** (auch Menhir- und Dolmengebiet, u. a. Menhir La Murtra, Menhir del Castellar, Dolmen de Morelles). Nördlich von Espolla steht die **Bergkette von L'Albera** als 14 500 ha großer Naturpark unter Schutz; dort gedeihen Wacholderbäume, Wildrosen, Ginster, Stechpalmen, Kork- und Steineichen.

Ab Llançà bietet sich als Ausflugsoption die rund 20 km südwestlich gelegene Dalí-Stadt **Figueres** an (siehe S. 46 ff.).

Vom Monestir de Sant Pere de Rodes führt ein steiler Fußwanderweg hinauf zum weithin sichtbaren **Castell de Verdera** (Burgruinen). Hingegen ist es vom Parkplatz nur ein kurzes Wegstück bis zu den steinernen Überresten der präromanischen **Església de Santa Helena** (liegt etwas erhöht der Zufahrtsstraße zum Kloster; das Innere kann nicht betreten werden).

Ringsum karge Hänge, voraus die Bucht, im Ohr das ständige Rattern der Züge. Wegen der Nähe zur französischen Grenze ist **Portbou** zwar ideal für den nördlichen Costa-Brava-Einstieg, doch nicht gerade Vorzeigeort der »wilden Küste«. Beklemmend eng liegt es in einem tiefen Buchteinschnitt. Aus der Oberstadt ragt der schlanke Glockenturm der Kirche Santa Maria (19. Jh.) empor, auf Meereshöhe legt sich eine bescheidene Promenade um den ebenso bescheidenen Stein- und Fischerstrand. Und in Hörweite schiebt sich der Verkehr über die Durchgangsstraße.

Portbou ist mit dem tragischen Schicksal des deutschen Philosophen Walter Benjamin verknüpft, der sich 1940 hier das Leben nahm und auf dem örtlichen Friedhof – hoch über der Bucht – seine letzte Ruhe ge-

Bucht von El Port ▷ de la Selva

funden hat. Auf dem kleinen Grabstein liest man eine Zeile aus seinen »Geschichtsphilosophischen Thesen«: »Es ist niemals ein Dokument der Kultur, ohne zugleich ein solches der Barbarei zu sein.« Auf dem Friedhofsvorplatz hat der israelische Künstler Dani Karavan (geb. 1930 in Tel Aviv) das **Memorial Walter Benjamin** gestaltet: die Gedenkstätte »Passagen«, ein stählerner Treppentunnel, der im symbolischen Nichts endet und in knapp 70 begehbaren Stufen auf die brandende See und eine Glasplatte zuläuft. Dort

Walter Benjamin – Tod in Portbou

Portbou, französisch-spanische Grenze. Wir schreiben die Nacht vom 26. auf den 27. September 1940. Walter Benjamin, deutscher Philosoph, Literatur- und Zeitkritiker, körperlich und geistig ausgemergelt, setzt seinem Leben verzweifelt ein Ende.

Benjamins jüdische Abstammung zwingt ihn 1933 ins Exil nach Paris. Er verfasst die Aufsätze »Der Autor als Produzent« (1934) und »Das Kunstwerk im Zeitalter seiner technischen Reproduzierbarkeit« (1936), doch mit dem Aufstieg der Nationalsozialisten nehmen Benjamins Publikationsmöglichkeiten bedrohlich ab, seine wirtschaftliche Situation gestaltet sich immer prekärer. Ein groß angelegtes Opus über die »Pariser Passagen«, die er als Symbol des 19. Jahrhunderts versteht, bleibt Stückwerk.

Im Juni 1940 flüchtet er Hals über Kopf vor den anrückenden deutschen Truppen und lässt seine gesamten Manuskripte in Paris zurück. In Marseille besorgt er sich ein US-amerikanisches Visum und schlägt sich Richtung Pyrenäen durch. In einer Flüchtlingsgruppe gelangt er am 26. September nach einem Gewaltmarsch an die spanische Grenzstation von Portbou. Am Zollhaus werden sie abgewiesen, am kommenden Morgen wollen die Zöllner sie zurück zu ihren französischen Kollegen bringen. Benjamin, stark herzkrank, weiß, was das bedeutet: die Auslieferung in ein deutsches Konzentrationslager. Bewacht von drei Polizisten, verbringt die Gruppe die Nacht in Portbou. In einer Überdosis Morphiumtabletten sieht Benjamin den letzten Ausweg; andere Spekulationen weisen nicht auf Selbstmord, sondern auf eine Herzattacke.

Viele halten Walter Benjamin (geb. 1892 in Berlin) für einen der bedeutendsten deutschen Zeit- und Literaturkritiker. Sein Schicksal steht stellvertretend für die Tragik von Millionen Emigranten im 20. Jahrhundert.

findet man ein weiteres Benjamin-Zitat: »Schwerer ist es, das Gedächtnis der Namenlosen zu ehren als das der Berühmten. Dem Gedächtnis der Namenlosen ist die historische Konstruktion geweiht.«

Südlich von Portbou steigt die Straße hoch über die Steilküste, bietet – gleich einer Kinoleinwand – eine fantastische Fernsicht übers Meer bis zum Cap de Creus, windet sich im Landesinnern über den Coll de

Vom Monestir de Sant Pere de Rodes bieten sich grandiose Ausblicke

Frare (202 m) und hinab nach **Colera,** wo sich Badegäste und Fischer den kleinen Steinstrand teilen. Auf ihrem ersten kurzen Teilstück zeigt die Costa Brava ein raues, bizarres Antlitz und setzt mit Klippen, Buchten und Felseninseln verschiedene Gesichter auf. Die Natur hat ihren Teil an Eisenbahnlinie, Straße und Rebflächen abgetreten und mit wiederaufgeforsteten Kiefern ein Stückchen Grün zurückbe-

kommen. Derweil bleibt das Hinterland öde und kahl, aus dem Boden ragen Agaven und Opuntien.

Natürlicher Reichtum des 5 000-Einwohner-Städtchens **Llançà** sind seine acht Strände, unter denen sich der Hauptstrand Platja del Port (kieselig) und die Platja La Farella (grobkörniger Sand, angenehm zum Liegen, Abzweig an der Straße nach El Port de la Selva) besonderer Beliebtheit erfreuen. An manchen Tagen hört man mehr französisch und deutsch als *català,* im örtlichen Supermarkt bekommt man »Buttermilch« und »delikaten Bismarckhering«, am nett aufgemachten Passeig Marítim locken Restaurants mit fangfrischem Fisch und schöner Aussicht auf Hafen und Hügel. Einen Aufstieg ist der Hügel El Castellar wert, der sich zwischen Hafenzone und Llançàs Südspitze schiebt.

Zwischen blauer Bucht und Hügeln breiten sich die kalkweißen Häuser von **El Port de la Selva** aus – wie auf einem Aquarell. Hier riecht es nach Fisch und Teer und Meer, schaukeln Kähne und Kutter, hier ist die größte Fischerflotte der nördlichen Costa Brava zu Hause. Hafenbecken und Strand teilen die Küstenlinie, aus den Fischrestaurants wehen verführerische Düfte. Die schönsten Strände und Buchten sind dort, wo die Küstenstraße ihrem Ende zustrebt: die **Platja del Pas** und – in wunderbarer Felsenlandschaft nur zu Fuß erreichbar – die **Cala Tamariua** und die **Cala Fornells.**

Seit mehr als 1000 Jahren liegt es in luftiger Höhe von 520 Metern über El Port de la Selva: das **Monestir de Sant Pere de Rodes,** ein bis Ende des 18. Jahrhunderts von Benediktinern bewohntes Kloster. Alleine die Auffahrt ist ein Erlebnis. Je höher sich das Sträßchen aufwärts windet, desto grandioser wird die Aussicht

über Gebirge und Meer und auf El Port de la Selva. Im August 2000 wurde die Gegend von schweren Waldbränden heimgesucht; ganze Hügel blieben als verkohlte Flächen zurück.

Mittelpunkt des umfassend restaurierten Klosters ist die romanische Kirche mit ihrem Tonnengewölbe und den drei Apsiden. Überall stößt man in abgelegene Winkel vor: in der Kirche in Krypta und Chorumgang und von einer Apsis hinauf zur Capella de Sant Miquel, über den oberen Umlauf, in den Unterbau des ausgehöhlten großen Turms und hinein in den Kreuzgang. Wertvolle Schrift- und Silberstücke des im Jahr 808 erstmals urkundlich erwähnten Klosters haben Zeit und Sammler davongetragen, so z. B. in die französische Nationalbibliothek nach Paris oder in die Museen von Barcelona und Girona.

Und immer wieder Dalí: Haus in Port Lligat

Kurven, nichts als Kurven führen zurück nach El Port de la Selva und über die Höhenzüge um den wolkenumspielten Pení-Berg (606 m) abwärts nach **Cadaqués**. Wegen des Badevergnügens schnellt die Einwohnerzahl des 2 000-Seelen-Ortes im Sommer nicht um das Sieben- bis Achtfache in die Höhe – da bietet die Costa Brava weitaus schönere Strandflecken. Cadaqués steht für »Atmosphäre pur«, ein südländisches Bilderbuchambiente aus Fischer- und Künstlerleben, aus buntem Treiben zwischen Promenade und Altstadt. Letztere kommt mit ihren verwinkelten Gassen und kalkweißen Häusern einer Medina gleich und legt sich um den Kirchhügel der Església de Santa Maria (Barockretabel). Auf der schmalen Küstenstraße rauscht der Verkehr – jede unübersichtliche Kurve ist ein kleines Risiko. Wer friedlichere Stimmung sucht, kommt in der Nebensaison – und genießt trotzdem Fischrestaurants und Terrassencafés.

Cadaqués ist unweigerlich mit **Salvador Dalí** (1904–89) verknüpft, dessen Vater hier ein Landhaus besaß. Schon 1920 schwärmte der junge Dalí vom »idealen und verträumten Dorf Cadaqués«, wo es ihn nach Licht und Farbe dürstete: »Die schwülen Sommertage verbrachte ich frenetisch malend und im Bestreben, die unvergleichliche Schönheit des Meeres und des sonnenüberfluteten Strandes zu übersetzen.« Er kam immer wieder zurück, assoziierte den Küstenort stets mit Kunst, mietete ein Atelier und lockte illustre Zeitgenossen an: vom Dichter Federico García Lorca über den Filmregisseur Luis Buñuel bis zu seinem belgischen Malerkollegen René Margritte. 1930 kaufte sich Dalí am nahen Hafen **Port Lligat** ein Fischerhäuschen, das er mit seiner Lebensgefährtin Gala bezog und im Laufe der Jahre mehr und mehr erweiterte – heute ist es als **Casa-Museu Salvador Dalí** der Öffentlichkeit zugänglich und das kurioseste Haus an der gesamten Costa Brava. Draußen vor der Tür geht das Leben seinen gewohnten Gang. Die Fischer flicken ihre Netze, schichten Körbe zusammen, ziehen kleine Boote wie die *L'Esclova* an Land. Und ihre *Petita* und *Sayonara* dümpeln still in der Abendsonne dahin.

Port Lligat – Wohnsitz von Salvador Dalí

Gipseier auf dem Dach, ein Bär mit Lampe im Foyer und eine ausrangierte Telefonbox am Pool - alles klar? Mit der Messlatte sogenannter »Normalität« braucht man sich nicht an Spaniens Vorzeige-Exzentriker Salvador Dalí zu wagen. In den eigenen vier Wänden in Port Lligat hat er seine Fantasie bis zum Exzess getrieben, hier hat er gelebt, geliebt, gemalt, die Aussicht auf die flache Felskuppenlandschaft um die Bucht genossen, gemeinsam mit seiner Gala jede Einzelheit selbst entworfen und festgestellt: »Ludwig II. von Bayern machte sich um keinen seiner Paläste auch nur halb so viele Gedanken wie wir uns um unseren kleinen Schuppen.« Im Laufe der Jahre kaufte sich Dalí zum ersten »Schuppen« benachbarte Fischerhäuschen dazu, einte sie zu einem Ganzen und umgab sich mit den kuriosesten Dingen: ob Schnurrbartbilder von Kaiser Wilhelm und Stalin, ob ausgestopfte Schwäne oder eine Gipsskulptur mit Fechtmaske im Atelier. Über den Besuch des Hauses hat der katalanische Literat Josep Pla (1897–1981) geschrieben: »Es gibt dort nichts Traditionelles, nichts Geerbtes, nichts Wiederholtes, nichts Kopiertes. Alles ist Teil einer unergründlichen persönlichen Mythologie. Es gibt viele Dinge, deren Bedeutung nur die Besitzer kennen.« Und so erkunden Besucher von heute staunend jeden Winkel des Hauses und spüren dem Geist Dalís nach. Zwischen Essraum und Bibliothek, zwischen Modell- und Schlafzimmer, zwischen Atelier und Pool samt Schlangen und »Michelin«-Werbemännchen.

1982, im Todesjahr Galas, verließ Dalí sein Haus in Port Lligat und zog sich auf das Schloss von Púbol zurück (siehe S. 68 f.).

Oficina de Turisme
Passeig de la Sardana, s/n
17497 Portbou
✆ und Fax 972 12 51 61

Hotel La Masia
Passeig de la Sardana, 1
17497 Portbou
✆ 972 39 03 72, Fax 972 12 50 66
Recht ansprechendes 14-Zimmer-Hotel in Ufernähe, aber an der Durchgangsstraße. Mit Restaurant. €€
(Auflösung der €-Zeichen auf S. 213)

Hostal Costa Blava
Carrer de Cervera, 20
17497 Portbou
✆ 972 39 03 86
Zimmer mit und ohne Privatbad. Recht nüchtern und nicht gerade preisgünstig, dafür Frühstück inklusive. An der Durchgangsstraße Richtung Grenze. Der Pensionsname *Blava* ist kein Druckfehler! €–€€

Espanya
Passeig de la Sardana, s/n
17497 Portbou
✆ 972 39 00 08
Große Terrasse, verschiedene Menüs (auch Kindermenü), außerdem Paella und Meeresfrüchte. Ähnlicher Standard in weiteren benachbarten Restaurants. Wegen des Verkehrs nicht die ruhigste Stimmung. €–€€

Mary Mar
Carrer de la Pujada, 27
17497 Portbou
✆ 972 39 04 15
Einfaches Haus zwischen Unter- und Oberstadt, kleine Terrasse. Tellergerichte, belegte Brote, Tapas. €

Im kleinen **Marktgebäude** von Portbou am Passeig d'Enric Granados kann man sich mit Obst, Gemüse und Wurstwaren versorgen.

Zugstrecke von Portbou über Colera, Llançà, Figueres und Girona nach Barcelona (✆ 902 24 02 02).

Oficina de Turisme
Carrer Labrun, 34
17496 Colera
✆ 972 38 90 50

Càmping Sant Miquel
Urbanitzaci Sant Miquel
17496 Colera
✆ 972 38 90 18
Geöffnet April–Sept.

Oficina de Turisme
Avinguda Europa, 37
17490 Llançà
✆ 972 38 08 55, Fax 972 12 19 31
turisme@llanca.net
www.llanca.net

Hotel Grifeu
Carretera Portbou, s/n
17490 Llançà
✆ 972 38 00 50, Fax 972 38 00 63
Von Portbou aus kommend, am Ortsbeginn von Llançà. Viele der 37 Zimmer mit Meerblick. Kleiner Badestrand Platja Grifeu direkt vorm Haus. Geöffnet Mai–Sept. €€

Hotel La Goleta
Carrer Pintor Tarruella, 22
17490 Llançà
✆ 972 38 01 25, Fax 972 12 06 86
Solides Zwei-Sterne-Haus, bis auf Nov. ganzjährig geöffnet. €€

Els Pescadors
Carrer Castellar, 41
17490 Llançà
✆ 972 38 01 25
Schöne Terrasse mit Blick auf Hafen und Hügel. Bei Muscheln in Weißweinsauce, Weißbrasse, Calamares und gegrilltem Seeteufel kann man es sich gut gehen lassen. €€

Surfvergnügen vor El Port de la Selva

Museu de l'Aquarel.la
Plaça Major, s/n
17490 Llançà
Juni–Sept. Di–Fr 19–21, Sa und So 11–13 und 19–21 Uhr; während des restlichen Jahres Öffnungszeiten nicht immer verlässlich, i. d. R. nur Sa und So 11–13 und 18–20 Uhr
Aquarellmuseum mit stimmungsvollen Bildern einheimischer Künstler.

Oficina de Turisme
Carrer del Mar, s/n
17489 El Port de la Selva
✆ 972 38 70 25

Càmping Port de la Selva
Carretera del Port a Cadaqués
17489 El Port de la Selva
✆ 972 38 72 87
Geöffnet Juni–Mitte Sept., an der Landstraße Richtung Cadaqués gelegen.

Nàutic
Moll d'en Balleu
17489 El Port de la Selva
✆ 972 38 70 92
Direkt am Hafen geht man diesem vorzüglichen Fischrestaurant ins Netz. Seeteufel, Fischplatte, Meeresfrüchtepaella, Garnelen, Seebarsch, Goldbrasse, reiche Weinkarte. Exponierte Lage mit Blick auf Molen und Hügel. €€

Weitere Fischrestaurants in El Port de la Selva entlang der Carrer del Mar.

Monestir de Sant Pere de Rodes
Klosteranlage in den Bergen, 8 km westlich von El Port de la Selva
Juni–Sept. Di–So 10–19, Okt.–Mai Di–So 10–17.30 Uhr
Die von der EU mitfinanzierten Restau-

Für das leibliche Wohl ist in Cadaqués auf vielfältige Art gesorgt

rierungsarbeiten wurden 1999 erfolgreich abgeschlossen. Im Regelfall kann man an der Information eine Faltbroschüre auf deutsch kaufen.

Dem Kloster ist ein **Restaurant** angeschlossen. Aussichtsterrassen, recht preisgünstiges Mittagsmenü.

P Gebührenpflichtiger **Parkplatz** nahe dem Kloster, ab dort ein kurzes Wegstück zu Fuß. Schilder auf deutsch mahnen, keine Wertgegenstände im Auto zu lassen.

i **Oficina de Turisme**
Carrer Cotxe, 2-a
17488 Cadaqués
✆ 972 25 83 15, Fax 972 15 94 42

Hotel Rocamar
Carrer Bartomeus, s/n
17488 Cadaqués
✆ 972 25 81 50, Fax 972 25 86 50
reserva@rocamar.com
www.rocamar.com
Am Südende der Bucht von Cadaqués, ganz am Ende der asphaltierten Straße, liegt dieser gut ausgestattete Drei-Sterne-Komplex (70 Zimmer). Mit Restaurants, Pool, Tennisplatz, Tauchschule, großem Parkplatz. €€€

Hotel Misty
Carretera Port Lligat
17488 Cadaqués
✆ 972 25 89 62, Fax 972 15 90 90
Stilvoll gehalten, schön vor allem die Grünanlagen um den Pool. An der Straße zwischen Cadaqués und Port Lligat gelegen. Parkplatz auf dem Hotelgelände. €€–€€€

Hostal Marina
Carrer Riera, 3
17488 Cadaqués
✆ 972 25 81 99
Günstig in der Nähe von Promenade, Meer und Ausgehzone gelegen. Zimmer mit Balkon sind etwas teurer. 27 Zimmer. €–€€

Càmping Cadaqués
Carretera de Port Lligat, 17
17488 Cadaqués
✆ 972 25 81 26, Fax 972 15 93 83
Zwischen Cadaqués und Port Lligat gelegen, auch Zimmervermietung.

El Pescador
Carrer Riba Nemesio Llorens, s/n
17488 Cadaqués
✆ 972 25 88 59
Der Name ist Programm: Der Fang des Tages ist handschriftlich angeschlagen (*pescador*=Fischer). In gemütlich-rustikalem Ambiente goutiert man Calamares, Seezunge, Hummerkrabben, Paella, Seeteufel und Fischeintopf. Abends nett beleuchtet, auch angenehme Freiluftterrasse, Seeblick über Straße hinweg. €€

Es Trull
Carrer Port Ditxs, s/n
17488 Cadaqués
✆ 972 25 81 96
Kurioses Mühlstein-Interieur, große Außenterrasse. Auf der Speisekarte steht Meeresgetier obenan, ob Calamares, Sardinen, Seehecht oder Garnelen. €€

Cesar
Carrer Curs, 11
17488 Cadaqués
✆ 972 25 86 06
Hinter efeuumranktem Eingang verbirgt sich diese Pizzeria mit urigem Grottenambiente. In der verwinkelten Altstadt gelegen. €

Über die Altstadt und Hauptpromenade (Passeig Marítim) von Cadaqués verteilen sich viele Bars, Cafés und weitere Restaurants.

Museu de Cadaqués
Carrer Narcís Monturiol, 15
17488 Cadaqués
Wechselnde Öffungszeiten, i. d. R. tägl. außer So 10.30–13.30 und 15–19 Uhr
Kunstmuseum; interessante Wechselausstellungen.

Museu Pierrot-Moore
Carrer Vigilant, 1
17488 Cadaqués
Juli und Aug. tägl. 10.30–13.30 und 16.30–20.30 Uhr, sonst Mo–Sa 10.30–13.30 und 16–20, So 10.30–13.30 Uhr
Werke von Dalí und Picasso.

Gute **Wandermöglichkeiten**, u. a. Fernwanderwege von Cadaqués nach El Port de la Selva und nach Roses.

Feste in Cadaqués
Meeresprozession, 16. Juli
Festival von Cadaqués, August (Tanz, Musik).

Casa-Museu Salvador Dalí
17488 Port Lligat
Mitte Juni–Mitte Sept. tägl. 10.30–21 Uhr, Mitte März–Mitte Juni sowie Mitte Sept.–Mitte Jan. tägl. 10.30–18 Uhr, Anfang Jan.–Mitte März geschl.; Einlass bis 50 Min. vor Ende der Öffnungszeit
✆ 972 25 10 15
Fax 972 25 10 83
pllgrups@dali-estate.org
Voranmeldung unerlässlich, nur Gruppenführungen. Tickets müssen spätestens eine halbe Std. vorher abgeholt werden
Einstiges Wohnhaus von Salvador Dalí, äußerst kurios.

2 Vom »Kap des Teufels« zum sandigen Traum von Roses

Allerlei Abstecher

2. Route: Cadaqués – Abstecher Cap de Creus – Roses – Abstecher Dolmen de la Creu d'en Cobertella und Cala Montjoi – Abstecher nach Empuriabrava – Abstecher nach Figueres (105 km inklusive aller Abstecher, direkte Fahrstrecke Cadaqués–Roses nur 17 km)

Vormittag
Ab Cadaqués zunächst zum 9 km entfernten **Cap de Creus** (ausgeschildert ab der Ortsausfahrt Richtung Roses), dort Ausstieg am Leuchtturm und kleine Landschaftserkundung. Auf derselben Strecke zurück nach Cadaqués und 17 km über den Berg nach **Roses**, wobei sich das erste Teilstück mit der Anfahrt ab El Port de la Selva deckt (siehe S. 36). In Roses Promenadenbummel, Strände, geschäftiges Zentrum, Besuch der Zitadelle. Vor der Mittagsrast in Roses bleibt noch Zeit für den kombinierten Ausflug zum **Dolmen de la Creu d'en Cobertella** und zur **Cala Montjoi** (14 km hin und zurück).

Nachmittag
Früher Aufbruch, auf dem Weg ins 20 km entfernte Figueres Kombination mit **Empuriabrava** möglich, ausgeschilderter Abzweig; Spaziergang, Strandrast, Kanäle. Der restliche Nachmittag sollte ganz im Zeichen **Figueres'** und des Dalí-Museums stehen. Figueres' Altstadt bietet sich zum Tagesabschluss-Bummel an.

Alternativen & Extras
Nordöstlich von Figueres kann man mit dem Besuch von **Vilabertran** (ehemaliges Kloster) und **Peralada** den unter Route 3 genannten Alternativen & Extras vorgreifen (siehe S. 55 f.).

In Figueres bindet man leicht an weitere Ziele im Inland an: **Besalú** mit seiner malerischen Brücke und Altstadt (26 km; siehe Route 12: Olot - Girona, S. 162) und **Olot**, das als Ausgangspunkt für Entdeckungen im Vulkanpark Garrotxa dient (48 km; siehe Route 11: La Seu d'Urgell–Olot, S. 154 f.).

Abstecher Cap de Creus

Felsenzungen schieben sich vor, gewaltige Steinmassen türmen sich auf, dann ist Schluss. Am **Cap de Creus,** nahe dem Leuchtturmplateau und am Ende einer 150 Quadratkilometer großen Halbinsel, versinkt der letzte Pyrenäenzipfel im Meer. Umgeben von einer rauen Landschaft, schroff, zerklüftet, baumlos, menschenfeindlich. Für die Fischer ist das Cap de Creus nur eines: *cap del diable,* das von Stürmen und Wellen gepeitschte »Kap des Teufels«. Im Hinterland reicht der 13 886 Hektar große Naturpark Cap de Creus bis zur Serra de Rodes, deren Bergsilhouette immer im Blick bleibt. Auch rund 3 000 Hektar Meeresareal sind in das Schutzgebiet eingegliedert und damit Korallenwälder und »Meeresweiden« voller Neptungräser; in Küstennähe tauchen gelegentlich Leder- und Karettschildkröten bei der Nahrungssuche auf.

Rund um das Kap bieten Klippen und Felseninseln Möwen, Sturmtauchern, Alpenseglern, Schwalben und Zippammern einen idealen Lebensraum. Sagen wir »fast ideal« – schließlich hat sich in Zeiten, als die Natur noch nicht offiziell unter Schutz stand, der Club Mediterranée sein Vorzugsplätzchen zwischen den Inseln Culleró und Portaló gesichert.

Cadaqués ist wie eine große Sackgasse. Der Weg an die Bucht von Roses führt landeinwärts zurück über die Berge, gesäumt von Opuntien, Agaven, Eukalyptus, Olivenhainen und – zur Linken – dem 606 Meter hohen Pení. Auf der Höhentrasse spürt man einen merklichen Temperaturunterschied, ehe die Straße sich zu altgewohnten Meeressphären hinabwindet; im Jahr 2000 haben in den Hügeln zahlreiche Buschbrände gewütet.

Nahe Dolmen beweisen, dass **Roses** schon beim vorgeschichtlichen Menschen hoch im Kurs stand. Später, im 8. Jahrhundert v. Chr., ließen sich die Griechen hier nieder und haben mit dem hellenistischen Viertel ihre Spuren dort hinterlassen, wo sich das mittelalterliche Roses rund um ein befestigtes Kloster entwickeln und Karl I. im 16. Jahrhundert den Bau der weitläufigen Zitadelle befehlen sollte. In der dazwischenliegenden Zeit kommt man an den Römern nicht vorbei, die gleichfalls das Gelände der späteren Zitadelle nutzten und eine große Fischpökelei betrieben.

Das moderne Roses (13 500 Einwohner) setzt auf Tourismus und beherbergt an manchem Sommertag bis zu 120 000 Menschen. Kapital des weit auseinander gedrifteten Städtchens ist sein breiter Strand, der sich zwischen dem geschäftigen Fischerhafen und der Flussmündung des Riu Grau kilometerlang an der geschwungenen Bucht entlangzieht. Ein sandiger Traum! Begrenzt von einer schön gestalteten Promenade sowie Hotel- und Appartementkästen, vor allem über dem westlichsten Abschnitt der Platja de Santa Margarida. Roses' südlichste Badebuchten, die Platja de Canyelles Petites und die Platja de l'Almadrava, verbergen sich hinter dem Burghügel des Castell de la Trinitat. Oberhalb der Strände greifen Appartementreihen geradezu abenteuerlich hangaufwärts, hinter spitzen Zäunen und »Privat«-Schildern schottet man sich hermetisch ab.

Mit Jogging, Windsurfing, Beachvolleyball, Radfahren, Schwimmen, Spaziergängen, Ausgehen schnürt man in Roses sein persönliches Paket der Urlaubsfreuden und -aktivitäten. Den einen freut's, den anderen graut's vor der Tatsache, dass man seine Landsleute in reicher Zahl wiedertreffen wird, ob Metzger,

Schreiner, Gastwirte oder Naturheilkundler; viele Anwesen sind ganz in deutscher Hand.

Einen Bummel wert ist das Innenstadtgeflecht um die Plaça de l'Església mit ihrer Kirche Santa Maria (18./19. Jh.). Vor allem, wenn man sich auf Nahrungssuche begibt. Der Carrer Sant Sebastià (und weiteren in der Nähe) kann man das Prädikat »Fressgasse« anhängen – was nicht abwertend gemeint ist, sondern der Fülle von Restaurants und Bars entspricht.

Roses eignet sich als Sprungbrett für Ausflüge jedweder Art: zu Kataloniens größten Dolmen, zur Badebucht Montjoi, in das künstliche Kanalstädtchen Empuriabrava (im Sommer Übernachtungsalternative auch für Camper) und nach Figueres mit dem einzigartigen Dalí-Museum.

Abstecher Dolmen de la Creu d'en Cobertella und Cala Montjoi
Als Inlandsachse schneidet sich ein ausgewiesenes, nummernloses Nebensträßchen durch Villen- und Olivengebiete zur abgeschiedenen Badebucht Cala Montjoi (7 km). Nach zwei Kilometern, linker Hand, bietet sich der Stopp auf einem Parkplatz und ein fünfminütiger Fußweg hinauf zum **Dolmen de la Creu d'en Cobertella** an. Kataloniens größter Dolmen datiert aus dem 5.–3. Jahrtausend v. Chr. und bestand aus Kammer und Vorkammer sowie dem nicht mehr erhaltenen Korridor. Die megalithische Grabstätte ist inmitten von Olivenhainen gelegen.

Opuntien, Agaven und das lichte Grün der Kiefern begleiten den Weg weiter ostwärts. Die Sicht öffnet sich auf die Felsenküste und malerische Buchten, im Hintergrund türmen sich kahle Berge auf. Als raue

Schönheit zeigt sich die **Cala Montjoi**. Es gibt Kiesel- bzw. Steinstrand, eine abgegrenzte Schwimmzone und den in Eukalyptus gebetteten Gourmettempel *El Bulli* (siehe S. 51).

An der Cala Montjoi geht die Asphaltstraße in eine steinige Piste über. Fahrer mit robustem Gemüt können den Weg bis zur Cala La Pelosa (2 km) und zur jenseits des Cap de Norfeu gelegenen Cala Jóncols (5 km; Hotel-Restaurant, ab dort »Wassertaxis« nach Roses) fortsetzen. Die Buchten gehören alle zum Naturpark Cap de Creus (siehe S. 43).

Abstecher nach Empuriabrava

Klein-Venedig am Mittelmeer. Ohne Markusplatz und Gondeln, dafür mit einem Netz von mehr als zwei Dutzend Kilometer befahrbaren Kanälen und Liegeplätzen für 5 000 Boote. Ende der 1960er Jahre wurde Empuriabrava aus dem Boden gestampft – künstlich, unspanisch, aber schön. Und ein Tummelbecken für Freizeitkapitäne, die direkt vor der eigenen Tür festmachen. »Hausboot« heißt hier: Boot vor dem eigenen Haus. Auf kleinen Kähnen darf man – ohne Führerschein – die Kanäle erkunden.

Zum sommerlichen Wasser- und Ferienparadies Empuriabrava gehören sieben Kilometer sandige Strände, der Kernhafen mit Panoramaturm, eine kleine Skyline aus Appartementblocks und Unmengen an Bars, Pubs und Restaurants – bis hin zu altbekannt klingenden Namen wie »Die Pinte« und »Zum Dorfkrug«.

Empuriabrava liegt acht Kilometer südwestlich von Roses, dessen Hügelkuppen man stets im Blick hat.

Abstecher nach Figueres

Alles Dalí, oder was? Als seine Geburts- und Todesstadt steht Figueres unweigerlich als Synonym für Salvador Dalí (1904–89), der in seinem gigantischen Kunstwerk begraben ist: dem **Teatre-Museu Dalí,** das mit über 750 000 Besuchern pro Jahr zu den meistfrequentierten Museen Spaniens zählt. Zu Beginn der 1960er Jahre schlug Figueres' Bürgermeister Ramon Guardiola dem Künstler das alte Stadttheater als Sitz des künftigen Dalí-Museums vor. Und der

sagte aus mehreren Gründen zu. Im Vestibül hatte er in jungen Jahren seine erste Gemäldeausstellung bestritten, in der gegenüber liegenden Kirche Sant Pere war er getauft worden. Außerdem fühlte er sich ohnehin als »theatralischer Maler« und gab zu bedenken: »Wo, wenn nicht in meiner Heimatstadt soll das Extravaganteste meines Gesamtwerkes erhalten bleiben?«

Empuriabrava: Tummelbecken für Freizeitkapitäne

Dalí hat niemanden enttäuscht. Mehr als ein Jahrzehnt lang kniete sich der Künstler in seine Arbeit, lebte sich bis ins kleinste Detail aus und hat der Nachwelt seinen surrealistischen Kosmos hinterlassen. In Außen- wie Innenansichten. Hinter der Fassade mit ihrem überdimensionalen Brot- und Eierschmuck verbergen sich einzigartige, überbordende, effektheischende Ausgeburten seiner Ideen. Positiv formuliert: einfach verrückt.

Fassadendetail des Dalí-Museums, Figueres

Das Teatre-Museu Dalí zeigt die Welt eines wandlungsfähigen Genies, das es bunt getrieben hat. Ob im »Cadillac-Patio« mit einer angeketteten Muse als Kühlerfigur oder im Saal der Hollywood-Blondine Mae West mit dem Haupthaar als Bühnenbild und ihren Mega-Lippen, die man auf den ersten Blick mit einem roten Sofa verwechseln könnte! Unterdessen bietet das Museum nicht nur ein künstlerisches Kuriositätenkabinett und das überraschend schlichte, schnörkellose Grab Dalís, sondern auch eine umfassende Werkschau. Und die reicht von frühen Motiven aus Figueres und Cadaqués (1920/23) über den punktgenau ausgeleuchteten »Brotkorb« (1945) und die »Atomische Leda« (in Gestalt seiner Lebensgefährtin Gala, 1949) bis zur »ADN-Struktur« (1974).

Figueres besteht nicht aus Dalí allein. In ihrem Herzen, rund um die Plaça de l'Ajuntament, zeigt sich die knapp 35 000 Einwohner starke Stadt als gefälliges Bummelpflaster – auch wenn die örtliche Rambla es nicht ansatzweise mit ihrer Namensschwester aus Barcelona aufnehmen kann. Oberhalb Figueres' thront das Kastellplateau, von dem der Blick bis zum Meer schweift. In dick aufgetragenem Werbeslogan kündigt sich das **Castell de Sant Ferran** als »größte Festung Europas« an – Europas schönste und beeindruckendste ist sie mit Sicherheit nicht. Das weitläu-

fige und reichlich ausgebesserte Areal, ursprünglich Mitte des 18. Jahrhunderts erbaut, umfasst alte Mauerringe, Wachtürme, Stallungen, Gänge und den großen Exerzierplatz.

Schlange stehen für Dalí, Figueres

Die katalanische Küche bietet für jeden etwas …

Oficina de Turisme
Avinguda de Rhode, 101
17480 Roses
✆ 902 10 36 36, Fax 972 15 11 50
otroses@ddgi.es

Roses' Unterkünfte gehören nicht gerade zu den preiswertesten an der Costa Brava. Man weiß, was man hat. Und das hat seinen Preis (auch bei Gasthäusern und Pensionen).

Almadrava Park Hotel
Platja l'Almadrava
17480 Roses
✆ 972 25 65 50, Fax 972 25 67 50
Im südlichen Strandgebiet, gepflegte Grünanlagen, Zimmer mit Aussicht. Vier Sterne, geöffnet April–Okt. €€€

Hotel Vistabella
Avinguda Díaz Pacheco, 26–30
17480 Roses
✆ 972 25 62 00, Fax 972 25 32 13
Bestes Haus am Platze, alle Annehmlichkeiten, fünf Sterne. März–Okt. geöffnet. €€€

Hotel Montecarlo
Avinguda de la Platja, 2
17480 Roses
✆ 972 25 66 73, Fax 972 25 57 03
montecarlo@ctv.es
Nur einen Katzensprung vom Strandabschnitt Santa Margarida. Viele der 126 Zimmer mit Seeblick, die Balkonnischen garantieren nicht gerade die größte Abschottung vom Nachbarn. Restaurant, kleiner Pool. Mit Glück

ergattert man einen Parkplatz vorm Haus, ansonsten Stellplatz gegen Aufschlag. Drei Sterne. Geöffnet März–Okt. €€–€€€

Hotel Goya Park
Avinguda Port del Reig, 25
17480 Roses
✆ 972 25 21 40
Fax 972 25 21 01
Drei-Sterne-Hotelkasten, ein Stück von der Strandlinie zurückgesetzt. Pool, hauseigenes Parkgelände. Geöffnet April–Nov. €€–€€€

Càmping Bahía de Roses
Carretera Vilajuiga, 10–18
17480 Roses
✆ 972 25 66 69
Geöffnet April–Sept.

Càmping Rodas
Carrer Punta Falconera, 64
17480 Roses
✆ 972 25 76 17
Öffnet zwischen Juni und Sept. seine Pforten.

El Bulli
Cala Montjoi
17480 Roses
✆ 972 15 04 57
www.elbulli.com
Gourmettempel über der 7 km östlich gelegenen Bucht Montjoi. Der Spitzenqualität entsprechen die Spitzenpreise, Küche geöffnet 13–15 und 20–22 Uhr. Von der Terrasse herrlicher Blick auf die Bucht. €€€

Le Barbecue
Carrer Sant Sebastià, 28
17480 Roses
✆ 972 25 38 49
Gepflegter Speiseraum. Verschiedene Salate, Paella und Fisch/Meeresfrüchte wie gedämpfte Muscheln, Seeteufel und gebackener Steinbutt. €€

Daikiri
Carrer Doctor Pi i Sunyer, 22
17480 Roses
✆ 972 25 60 43
Mexikanische Spezialitäten von Salat bis zu gefüllter Maistortilla. Mehrere Menüs zur Wahl, auch Kindermenü. Die wenigen Tische in der Fußgängerzone sind rasch belegt. €–€€

El Jardín
Carrer d'en Mairó, 60
17480 Roses
✆ 972 15 18 36
Grillspezialitäten, Salate und Paella auf der schönen Terrasse; nur in der Sommersaison geöffnet. €–€€

Beliebte **Sommerdiscos** in Roses sind Simona (Avinguda de la Platja, 42), Baru (Carrer Roca Grossa, 1) und Zodiac (Aveniguda Gola Estany, 10–20), während Silver & Black (Carrer Sant Pau, 16) das ganze Jahr über geöffnet hat.

Zitadelle (Ciutadella)
Avinguda de Rhode, s/n
17480 Roses
Im Sommer tägl. 9–20, sonst 9–18 Uhr
Innerhalb des Mauergürtels liegen die verschiedenen Bereiche, so wie das Griechische Viertel (Barri Hel.lenístic), das Römische Dorf (Vila Romana) und die Ruinen des romanischen Monestir de Santa Maria. Letztgenannte dienen gelegentlich als Rahmen für Konzerte, u. a. beim großen Stadtfest im Aug. Zu Beginn des 19. Jh. richteten die französischen Truppen schwere Verwüstungen in der Zitadelle an und machten sie für militärische Zwecke unbrauchbar.

So vormittags Markt im Bereich des **Mercat Municipal** (Obst, Gemüse, Kleidung etc.) von Roses.

Wasserpark (Parc Aquàtic)
Carretera de Vilajuiga, s/n
17480 Roses
✆ 972 25 43 44
Geöffnet Mitte Juni–Mitte Sept.

Bootsausflüge von Roses nach Cadaqués und zu den Illes Medes, wetterabhängig, i. d. R. Mai–Okt.

An mehreren Stellen in Roses **Fahrradverleih**, u. a. Bicicletes Roses (Avinguda de la Platja, 19, ✆ 972 25 39 26).

Feste in Roses
Karneval, Anfang/Mitte Aug.
Großes Stadtfest, Anfang/Mitte Aug.

Oficina de Turisme
Carrer Puigmal, 1
17487 Empuriabrava
✆ 972 45 00 88, Fax 972 45 10 95
turisme@empuriabrava.com
www.empuriabrava.com

Die **Campingplätze** im Ortsgebiet von Empuriabrava öffnen alle nur während der Sommersaison, darunter Càmping Nàutic Almatà (Platja Can Comes, ✆ 972 45 44 77, Fax 972 45 46 86), Càmping Laguna (Platja Can Comes, ✆ 972 45 05 53, Fax 972 45 07 99) und Càmping Mas Nou (Carretera Figueres-Roses, ✆ 972 45 41 75, Fax 972 45 43 58).

Viele **Restaurants** am Passeig Marítim und im Sector Gran Reserva von Empuriabrava.

Sport & Fun stehen im Sommer in Empuriabrava obenan. Dazu gehören Fallschirmspringen (Tandemsprünge aus 4 000 m) und Rundflüge im Ultraleicht-Flugzeug (beide ab dem Aeròdrom d'Empuriabrava), Tauchen, Segeln, Windsurfen, Wasser- und Jetski.

Oficina de Turisme
Plaça del Sol, s/n
17600 Figueres
✆ 972 50 31 55, Fax 972 67 31 66
fituris@ddgi.es

Hotel Bon Retorn
Carretera Nacional II, km 3
17600 Figueres
✆ 972 50 46 23
Fax 972 67 39 79
An der Nationalstraße Richtung Girona, außerhalb der Stadtgrenze. Problemloses Parken direkt vor dem Haus. Mit Restaurant, Grünanlagen; drei Sterne. €€

Alberg de Figueres
Anicet de Pagès, 2
17600 Figueres
✆ 972 50 12 13
Jugendherberge; 50 Plätze. €

Duran
Carrer Lasauca, 5
17600 Figueres
✆ 972 50 12 50
Ein wenig altmodisch, aber ordentliche katalanische Küche, mittags Tagesmenü, Gratisparkplatz für Restaurantbesucher. Fleisch- und Fischgerichte von Entrecote bis zu frischem Lachs und Goldbrasse. €€

Espanya
Carrer La Jonquera, 26
17600 Figueres
✆ 972 50 08 69
Ganz in der Nähe des Dalí-Museums, in der Fußgängerzone und inmitten einer kleinen Restaurantmeile, zur wärmeren Jahreszeit Tische draußen. Kalbfleischfilet, Entrecote mit grünem Pfeffer, Reis- und Eiergerichte, verschiedene Menüs zur Auswahl. Hier lässt sich

der museale Kunstgenuss gut verdau-en. €–€€

Besonders beliebt sind die sommerlichen Freiluftbars auf der Plaça de l'Ajuntament. Weitere Bars und Cafés reihen sich an der Rambla von Figueres auf.

Castell de Sant Ferran
Oberhalb von Figueres gelegenes Kastell
Unsichere Öffnungszeiten, im Sommer i. d. R. tägl. 10.30–19, sonst 10.30–14 Uhr

Museu del Joguet
Carrer de Sant Pere, 1
17600 Figueres
Juli–Sept. Mo–Sa 10–13 und 16–19, So 11–13.30 und 17–19 Uhr; sonst Mo sowie Mi–Sa 10–13 und 16–19, So 11–13.30 Uhr; zweite Januarhälfte und Feb. geschl.
Spielzeugmuseum, in jüngster Zeit umfangreich renoviert.

Museu de l'Empordà
Rambla, 2
17600 Figueres
Di–Sa 11–19, So 10–14 Uhr
Spezialisiert auf Archäologie und Kunst der Region. Exponate aus der Griechen- und Römerzeit bis hin zu Werken bekannter katalanischer Maler und Bildhauer aus dem 19./20. Jh.

Teatre-Museu Dalí
Plaça Gala-Salvador Dalí, 5
17600 Figueres
Juli–Sept. tägl. 9–19.45, Okt.–Juni tägl. außer Mo 10.30–17.45 Uhr; Kassenschluss stets 30 Min. vorher; zusätzliche Nachtbesuche im Aug., i. d. R. 22–0.30 Uhr
www.dali-estate.org
Einzigartiges Dalí-Museum im umgebauten Stadttheater – ein Ereignis!

Nicht nur von außen beeindruckend: Dalí-Museum, Figueres

3 Sümpfe, Strände und Ruinen

Von Roses nach L'Estartit

3. Route: Roses – Castelló d'Empúries – Naturschutzgebiet Aiguamolls de l'Empordà – Sant Pere Pescador – Sant Martí d'Empúries – Empúries – L'Escala mit den nahen Stränden Riells und Montgó – Torroella de Montgrí – L'Estartit (73 km inklusive der kleinen Abstecher)

Vormittag

Ab Roses Ausfahrt Richtung Figueres (C-260), nach etwa 9 km kurzer, ausgeschilderter Rechts-Abzweig nach **Castelló d'Empúries** (Ortsbummel). Zurück auf die C-260, kurz darauf ausgewiesener Abzweig nach Sant Pere Pescador und L'Escala (von hier aus: 21 km). Nach etwa 2 km auf der Landstraße, auf Höhe eines Gestüts, links zum Informationszentrum und Wandergebiet des **Naturparks Aiguamolls de l'Empordà**; lohnende 4-km-Wanderung (hin und zurück) zum Aussichtsturm Senillosa. Weiterfahrt über **Sant Pere Pescador** (nahebei Strände) durchs Küstenhinterland nach **Sant Martí d'Empúries**, pittoresker Ort und Zeit für eine Mittagsrast.

Nachmittag

Vorteilhaft für die weitere Tagesplanung sind die durchgehenden Öffnungszeiten des griechisch-römischen Ruinenareals **Empúries** (ausgeschildert zwischen Sant Martí d'Empúries und L'Escala; alternativ erreicht man Empúries ab Sant Martí d'Empúries zu Fuß über den Küstenrandweg, schöner kurzer Spaziergang). Ab L'Escala sollten Strandfans auf keinen Fall einen ausgewiesenen Abstecher zur **Cala Montgó** auslassen, eine der stimmungsvollsten Buchten der Costa Brava. Weiterfahrt über **Torroella de Montgrí** (ab L'Escala 12 km) nach **L'Estartit** (6 km ab Torroella de Montgrí). In L'Estartit Hafen- und Promenadenbummel, Strandaktivitäten und Ausflug zu den vorgelagerten **Illes Medes**, ob im Rahmen von Tauch- und Schnorchelexkursionen oder als Tour im Glasbodenboot.

Alternativen & Extras

Die Strecke von Roses nach Castelló d'Empúries führt am Kanal- und Urlaubsstädtchen **Empuriabrava** vorbei, das man ebenso gut am heutigen Tag besuchen kann (siehe den bereits ab Roses vorgeschlagenen »Abstecher nach Empuriabrava«, S. 46).

Ab Castelló d'Empúries führt ein ausgeschildertes Sträßchen durch Mais- und Obstanbaugebiet ins nordwestlich gelegene **Peralada.** Auch wenn sich der 1200-Einwohner-Ort am Riu Llobregat als »mittelalterliche Stadt« vermarktet, fehlt ihm ein wenig der Charme vergleichbarer Flecken. Gleichwohl hat Peralada einiges zu bieten: das Musikfestival im Sommer, den romanischen Claustre Sant Domènec (mit Museum zur Lokalgeschichte des Mittelalters; 2001 neu eröffnet), die alte Klosterbibliothek, die San-Martí-Kirche und das im Kastell untergebrachte Casino. Rotwein- und Cava-Experten halten große Stücke auf den im Ort produzierten *Castillo de Peralada.* Peraladas Fremdenverkehrsamt ist dem Rathaus an der zentralen Plaça Gran angeschlossen.

Einmal in Peralada, bietet sich ein zusätzlicher 4-km-Abstecher südwestlich nach **Vilabertran** an. Lohnendes Besuchsziel ist das **Monestir de**

Santa Maria, eine ehemalige Klosteranlage der Augustiner mit baulichen Wurzeln im 11./12. Jh. Besonders interessant sind der extrem niedrige und unregelmäßig geformte Kreuzgang sowie Turm und Apsiden der Kirche; Teile des Klosters, wie Kapitelsaal und Refektorium, werden für wechselnde Kunstausstellungen genutzt (Juni–Sept. Di–Sa 10–13.30 und 15–18.30, So 10–13.30 Uhr, Okt.–Mai Di–Sa 10–13.30 und 15–17.30, So 10–13.30 Uhr).

Von der Cala Montgó aus ist optimistischerweise ein Sträßchen Richtung **L'Estartit** ausgeschildert, das man nach wenigen km nur mit geländetauglichem Fahrzeug (oder Mountainbike) angehen sollte.

Wanderausflug ab Torroella de Montgrí ins **Montgrí-Massiv** mit dem restaurierten Burg-Viereck (ursprünglich erbaut 1294–1301) und der seit Ende des 14. Jh. dokumentierten Wallfahrtskapelle Santa Caterina.

L'Estartit bietet sich an, um von hier aus nahe, unter Route 4 beschriebene Ziele zu erkunden: die Ruinen der Iberersiedlung **Ullastret** (siehe S. 70 ff.), das Dalí-Schloss von **Púbol** (siehe S. 68 f.) sowie die mittelalterlichen Orte **Peratallada** und **Pals** (siehe S. 72).

Mit den Hügeln von Roses im Rücken, fährt man durch Gewerbe- und Feuchtgebiete **Castelló d'Empúries** entgegen. Der landeinwärts versetzte Ort zehrt von seinem verblassten Ruhm aus dem Mittelalter, da er gräfliche Hauptstadt von Empúries war. Als mittelalterliche Baudenkmäler haben die Kathedrale Santa Maria, das Gefängnis und das Gemeindehaus *(Llotja)* die Jahrhunderte überdauert. Der historische Kern ist bescheiden klein und zeigt sich rund um die Plaça dels Homes von seiner angenehmsten Seite. Am westlichen Ortsrand überspannt eine gotische Brücke den Riu Muga, der sich weiter meerwärts windet und die natürliche Grenze zwischen dem Ferienort Empuriabrava und dem 4 784 Hektar großen **Parc Natural dels Aiguamolls de l'Empordà** bildet. Das Land ist flach wie im tiefsten Holland, Felder gehen in Feucht- und damit in Schutzgebiete über.

Sümpfe, Lagunen und Flüsschen zerschneiden den Naturpark Aiguamolls de l'Empordà, der bis zur Küste reicht und Lebensraum für weit über 300 Vogelarten bietet; etwa ein Drittel von ihnen nistet hier. Fischreiher kommen vor, Störche, Kormorane, Eisvögel und Tausende von Enten und Blässhühnern; während des Vogelzugs machen Kraniche, Löffler und sogar Flamingos Station. Am besten, man nimmt ein Fernglas mit und geht in kleinen Ständen auf Beobachtungsposten. Oder steigt hinauf ins 22 Meter hohe Observatori Senillosa, ein zum Aussichtsturm umfunktioniertes Silo (rund 2 km vom Besucherzentrum El Cortalet entfernt, ausgeschilderter Weg Richtung La Massona).

Rund um **Sant Pere Pescador** breiten sich blühende Obstgärten aus, die rund 70 Prozent der örtlichen Bevölkerung ernähren. Dass der 1500-Einwohner-Ort am Fluvià überdies im touristischen Aufschwung steht, verdankt er seinen schönen Stränden; insbesondere Camping- und Windsurfingfans kommen gerne hierher.

Sant Martí d'Empúries vereint Natur mit Kultur und blickt auf eine Geschichte von mehr als 2 500 Jahren zurück; einst gründeten die Griechen hier ihre Siedlung *Palaià Pólis.* Wellen rollen gegen die Sandstrände, von der trutzig-wehrhaften Església de Sant Martí d'Empúries (10.–16. Jh.) schweift der Blick über die Bucht von Roses. Man sollte dies Steindorf mit seinen Bruchsteinhäusern und den paar zusammengewürfelten Straßenzügen nicht versäumen!

Richtung L'Escala – zu Fuß über den Küstenrandweg erreichbar (1600 m) – ziehen sich kleine Badestrände und kiefernbesetzte Dünen. Unterwegs wirft der von den Römern verstärkte hellenistische Hafendamm Licht auf die ursprünglichen Besiedler der Gegend. Sie wussten zu leben, die alten Griechen, und suchten sich oberhalb der Strände Les Muscleres und Portitxol ein Siedlungsfleckchen, das ihnen später mehr zusagte als *Palaià Pólis* und von wo aus sie den Seehandel mit dem südlichen Festlandsspanien und den Balearen steuerten: *Emporion,* das spätere **Empúries.** Zu Beginn des von Karthagern und Römern geführten Zweiten Punischen Krieges (218–201 v. Chr.) landeten römische Kriegsschiffe im Hafen von Empúries; von hier aus drangen die neuen Eroberer Spaniens weiter Richtung Süden der Iberischen Halbinsel vor.

Empúries gliedert sich in zwei getrennte Bezirke: die Ruinenstadt der Griechen und – geographisch einen Stock höher – jene der Römer. Ein Museum informiert über die bewegte Vergangenheit und zeigt

Griechische Ruinenstätte in Empúries

u. a. Graburnen, Amphoren, Öllämpchen und phallisch geformte Becher. Einer Statue des Asklepios, des griechischen Gottes der Heilkunde, begegnen wir gleich doppelt: aus Marmor im Museum und als Nachbildung im therapeutisch-religiösen Zentrum der von Mauern umgebenen Griechenstadt.

Der römische Bezirk ist weitläufiger und bietet stattlichere, sprich: rekonstruierte, Reste, die die Vorstellungskraft animieren und in die Zeit vor 2 000 Jahren lenken. Als die alten Römer über die Hauptstraße *Cardo Maximus* und im Säulengang um das Forum wandelten, im Kapitoltempel zusammenkamen und

Fischfang ist an der Küste ein einträgliches Geschäft

ihre Wagen durch den Torbogen der Stadtmauer trieben. Den Besucherweg säumen Säulen, Kapitelle, Bodenmosaike, Haus- und Tempelfundamente sowie ein enttäuschendes Amphitheater. In Empúries ernähren die Römer unverändert Archäologen; bis mindestens 2008 werden weitere Ausgrabungsprojekte voranschreiten.

Heften wir **L'Escala** ein Ganz-nett-so-Prädikat an – höchstens. Die geschäftige, kleine Innenstadt zieht sich zwischen Strand und Església de Sant Pere hügelaufwärts, auf einer Landzunge erhebt sich das Seemannsdenkmal. Schöner ist es ein bis zwei Buchten weiter südöstlich: an der hufeisenförmig geschwungenen **Platja de Riells** und der **Cala Montgó**. Die geschützte Bucht ist von Felsen eingefasst, überall verströmen Kiefern ihren betörenden Duft. Kein Wunder, dass in den Hügeln über der Cala Montgó längst Villengebiete entstanden sind.

Es sieht nicht so aus, als wäre der Bürgermeister von **Torroella de Montgrí** herzinfarktgefährdet. Auch wenn die Ortsoberen herzlich bemüht sind, ihrem Städtchen am Riu Ter mit Museen, Golfplatz und sommerlichem Musikfestival ein paar PR-wirksame Impulse zu verpassen. Nicht zu vergessen das 310 Meter hohe Kalksteinmassiv Montgrí, das die Landschaften Alt Empordà und Baix Empordà trennt und mit der Wallfahrtskapelle Santa Caterina und der wuchtigen Burg als schweißtreibenden Aufstiegszielen lockt; schon von Ferne bleckt das Kastell seine steinerne Zahnreihe aus Zinnen. Doch Torroella de Montgrí ist und bleibt Durchgangsstation – dazu liegt die Küste mit seiner Perle **L'Estartit** einfach zu nah. Und die bekommt vom großen touristischen Kuchen reichlich ab.

Die Komposition ist ganz einfach: Hügel, Hafen, kilometerweit sandige Strände und das Tauch- und Schnorchelparadies der **Medes-Inseln** gleich davor. Mit seiner Vorzugslage, den Promenaden, dem Freizeitangebot und verführerischen Essensdüften, die abends über den Passeig Marítim ziehen, erfüllt das Ferienstädtchen L'Estartit Urlauberträume rundum. Der breite, saubere Sandstrand dehnt sich in Richtung Platja de Pals und wird vom Ter Vell begrenzt, einem kleinen Feucht- und Vogelschutzgebiet.

Illes Medes

Als geologischer Fortsatz des Montgrí-Massivs formen sieben bizarre Inselchen und ein Haufen versprengter Felsnasen den Archipel der Illes Medes. Was oberhalb kahl und karg aussieht, öffnet sich unter dem Meeresspiegel zu einer bunten Schatztruhe. In wunderbar klarem Wasser taucht man ein in die faszinierende Welt der Korallen- und Algenwälder, der Zackenbarsche und Rochen, der Schwämme und Seesterne, der Napf- und Turbanschnecken. Taucher zieht es tief an die Felsenhöhlen heran – womit sie sicheren Abstand zum Wasserspiegel halten, den während der Saison Armadas von Ausflugsbooten durchpflügen.

Größte und höchste (75 m) Insel ist die Leuchtturm-Insel Meda Gran. Von März bis Mai geht es in den Brutkolonien der Möwen geschäftig zu, zwischen November und März überwintern viele Kormorane.

Informationen

Oficina de Turisme
Plaça dels Homes, s/n
17486 Castelló d'Empúries
✆ 972 25 04 26, Fax 972 15 60 62
www.castellodempuries.net

Kathedrale Santa Maria
17486 Castelló d'Empúries
13.–15. Jh.; reich dekoriertes Portal und 36 m hoher Glockenturm, Kirchenmuseum, gelegentlich gregorianische Messen.

Mehlfabrik (Farinera)
Carrer Sant Francesc 5–7
17486 Castelló d'Empúries

Aktuelle Öffnungszeiten erfragt man im Fremdenverkehrsamt

Feste in Castelló d'Empúries
Troubadourfest, 11. Sept.

Parc Natural dels Aiguamolls de l'Empordà
Abzweig an der Landstraße nach Sant Pere Pescador
Besucherzentrum El Cortalet
✆ 972 45 42 22, Fax 972 45 44 74
aiguamolls@aiguamolls.org
www.aiguamolls.org
April–Sept. 9.30–14 und 16.30–19 Uhr,
Okt.–März 9.30–14 und 15.30–18 Uhr

Fundstück aus Empúries

Am Besucherzentrum starten Wanderwege Richtung Estany Europa (Inland) und La Massona (Küste). Beide Ziele lassen sich durch einen 13 km langen Rundwanderweg verknüpfen (Strandabschnitt recht beschwerlich; je nach den Vogelbrutzeiten Strandbereich gesperrt, in etwa April–Juni).

Im Sommer kommen **Campingfans** voll auf ihre Kosten; in und um Sant Pere Pescador sowie auf dem Weg bis Sant Marti d'Empúries sind insgesamt sieben Areale ausgewiesen. Dazu zählen Càmping La Gaviota (✆ 972 52 05 69, Fax 972 55 03 48, www.lagaviota.com) und Càmping La Ballena Alegre II (✆ 600 400 200, Fax 972 52 03 32, www.ballena-alegre.es).

Mittwoch ist **Markttag** in Sant Pere Pescador.

An der Plaça Major in Sant Marti d'Empúries bieten sich mehrere Einkehrmöglichkeiten an; recht günstige Preise (mehrheitlich Pizza).

Alberg de Joventut
Carrer Les Coves, 41
17130 Empúries
✆ 972 77 12 00
Jugendherberge mit 68 Plätzen. €

Das **Ruinenareal** in Empúries ist Juni–Sept. tägl. 10–20 Uhr zugänglich, während des restlichen Jahres 10–18 Uhr.

Oficina de Turisme
Plaça de les Escoles, s/n
17130 L'Escala
✆ 972 77 06 03, Fax 972 77 33 85
lescala@lescala.org
www.lescala.org

Càmping Cala Montgó
Cala Montgó
17130 L'Escala
✆ 972 77 08 66
Ganzjährig geöffnet.

Càmping Paradis
Avinguda de Montgó, 260
17130 L'Escala
✆ 972 77 02 00, Fax 972 77 20 31
montgoparadis@alehop.com
Nahe der Cala Montgó, mit Bungalowpark. März–Okt. geöffnet.

Oberhalb des kleinen Strandes von L'Escala kann man in einigen Cafés und Restaurants einkehren, findet jedoch eine weitaus größere Auswahl an der Platja de Riells. Besser noch, da stimmungsvoller: die Cala Montgó, wo Bars und Restaurants während der Sommersaison Hochkonjunktur haben.

Oficina de Turisme
Carretera de l'Estartit, s/n
17257 Torroella de Montgrí
✆ 972 75 19 10

Capella de Sant Antoni
Plaça de la Vila, s/n
17257 Torroella de Montgrí
April–Sept. Mo sowie Mi–Sa 10–14 und 18–21, So 11–14 Uhr, Okt.–März Mo sowie Mi–Sa 10–14 und 17–19 Uhr
In einen Ausstellungssaal umgewandelte Kapelle; am Rathausplatz.

Museu del Montgrí i del Baix Ter
Carrer Major, 31
17257 Torroella de Montgrí
April–Sept. Mo sowie Mi–Sa 10–14 und 18–21, So 11–14 Uhr, Okt.–März Mo sowie Mi–Sa 10–14 und 17–19 Uhr
Archäologie, Geschichte und Natur der Umgegend.

Palau Soltera/Museu de Pintura
Carrer de l'Església, 10

17257 Torroella de Montgrí
Mitte Juni–Mitte Sept. tägl. außer Di 17–22 Uhr, sonst nur Sa 11–14 und 16.30–20.30, So 10.30–14.30 Uhr
Altherrschaftliches Palais mit Kunstausstellung der privaten Stiftung Vila Casas.

Feste in Torroella de Montgrí
Internationales Musikfestival
Im Sommer. Ein Reigen aus rund 20 Konzerten (als Rahmen dient im Regelfall die gotische Ortskirche).

Oficina de Turisme
Passeig Marítim, 33
17258 L'Estartit
✆ 972 75 19 10, Fax 972 75 17 49
otestar@ddgi.es

Hotel Santa Anna
Carrer del Port, 48
17258 L'Estartit
✆ 972 75 13 26, Fax 972 75 08 42
santanna@intercom.es
Ganzjährig geöffnetes 63-Zimmer-Haus, Zimmer mit und ohne Balkon, Frühstück auf der Dachterrasse. Über die Straße hinweg liegt ein dem Hotel angeschlossener Freiluftpool. Preisaufschlag, wenn man nur eine Nacht bleibt. €€

Hotel Les Illes
Carrer de les Illes, 55
17258 L'Estartit
✆ 972 75 12 39, Fax 972 75 00 86
info@hotellesilles.com
Nahe dem Sporthafen und ein wenig von der Durchgangsstraße zurückgesetzt. Auf Tauchklientel spezialisiert. Geöffnet März–Nov. €€

Pensió Vila
Carrer Santa Anna, 41
17258 L'Estartit
✆ 972 75 11 13
Für Basisansprüche. Dem niedrigen Preis entsprechen die spartanisch eingerichteten Zimmer, aus dem Restaurant ziehen Essensdüfte bis in die Zimmergänge hinauf. I. d. R. nur April–Sept. geöffnet. €

An der Straße zwischen Torroella de Montgrí und dem Ortszentrum von L'Estartit liegen die **Campingplätze** Ter (✆ 972 75 11 10) und Castell Montgrí (✆ 972 75 16 30).

Robert
Passeig Marítim, 59
17258 L'Estartit
✆ 972 75 01 87
Fischliebhabern läuft das Wasser im Munde zusammen. Mit frischem gedämpftem Lachs, Fischplatte, Steinbutt, Seebarsch und Goldbrasse. Erlesene Küche, Hochpreisniveau, schöner Außenbereich unter Bäumen. €€€

Les Salines
Passeig del Molinet, 5
17258 L'Estartit
✆ 972 75 16 11
Maritime Dekoration, ein wenig abseits von der Hauptrestaurantmeile. Gegrillte Tintenfische, *suquet de peix,* Hummer, gegrillter Seebarsch, Miesmuscheln, Seezunge, Paella. €€

El Volantí
Carrer Cap de la Barra, 1
17258 L'Estartit
✆ 972 75 07 12
Lockt mit seiner schönen Terrasse und reichlich Meeresfrüchten: vom gebackenen Steinbutt über den marinierten Seeteufel bis zur Goldbrasse im Salzmantel. €–€€

Wie Sand am Meer findet man am Passeig Marítim und am Hafen von L'Estartit Anbieter von Tauch- und Schnorchelexkursionen sowie von **Bootsausflügen** zu den Illes Medes und Klippenhöhlen. Boote auch bis nach Cadaqués und Palamós. **Tauchkurse** in verschiedenen Sprachen.

Die Medes-Inseln vor L'Estartit sind ein wahres Tauchparadies ▷

4 Hochbeinige Elefanten, Streifzüge durchs Mittelalter und blaugrüne Buchten

Über Púbol und Pals in Richtung Llafranc

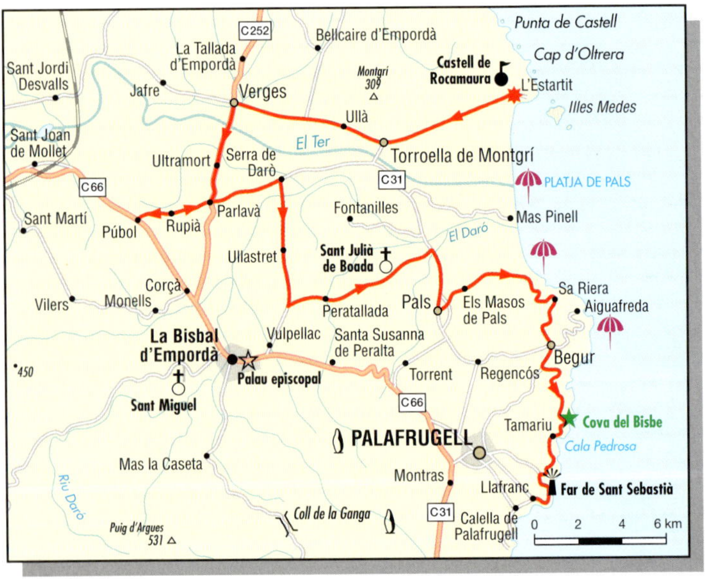

4. Route: L'Estartit – Torroella de Montgrí – Verges – Ultramort – Parlavà – Púbol – Parlavà – Serra de Darò – Ullastret/Ruïnes d'Ullastret – Peratallada – Sant Julià de Boada – Pals – Begur mit nahem Strand Sa Riera – Strände Fornells und Aiguablava – Tamariu – Far de Sant Sebastià – Llafranc (82 km mit kleinen Abstechern)

Vormittag

Wegen des klaren Lichts bietet sich am frühen Morgen zunächst eine Bootsexkursion ab L'Estartit zu den Illes Medes (siehe S. 61) an, ehe man über Torroella de Montgrí (siehe S. 61) und Ultramort aufbricht zum Dalí-Schloss nach **Púbol** (ausgeschildert ab der C-255 Palamós–Girona). Ab Púbol zurück über Parlavà, in der Ortsmitte von Serra de Darò Rechts-Abzweig Richtung Ullastret (GI-644) und kurz vor Ullastret ausgeschilderter Links-Abstecher zu den **Ruïnes d'Ullastret** (0,7 km). Rückkehr auf die GI-644, an Ullastret vorbei und nach drei Kilometern Links-Abzweig nach **Peratallada** (GI-651). Wegen des urigen Umfelds und den Einkehrmöglichkeiten sollte man in Peratallada eine Mittagspause einlegen.

Nachmittag

Ab Peratallada 9 km weiter nach **Pals**, Ortsbummel bis hinauf zur Kirche und zum Wehrturm. Ab Pals 7 km weiter nach Begur und Abstecher zum besonders lohnenswerten **Strand Sa Riera** (gute Bademöglichkeit). Ab Begur Küstenstrecke (nummernlos, etwas unübersichtlich) Richtung Aiguablava und Fornells (ausgeschilderte kurze Strandabzweige), weiter über Tamariu, den Schildern Far de Sant Sebastià nach und vom Leuchtturmplateau abwärts in den Hafen- und Strandort **Llafranc** (auf dem letzten Teilstück fehlen Schilder, man folgt der Carrer Pau Casals abwärts).

Alternativen & Extras

Die vielen interessanten Ziele der Gegend liegen nah beieinander und dennoch recht verstreut. Neben den vorgeschlagenen Routen 4 und 5 eröffnen sich weitere Kombinationsmöglichkeiten. So kann man von Púbol die direkte Strecke in das Keramikstädtchen **La Bisbal d'Empordà** wählen oder von Pals weiter über Palafrugell nach **Palamós** fahren.

Von Pals etwa 8 km durch Kiefern- und Villengebiete bis zur **Platja de Pals,** an der das Sperrgebiet um die riesigen Strommasten das Wohlbefinden mindert. Ansonsten schöner Sandstrand, Dünengürtel, gefällige Promenade, Golfgelände.

Außer dem Badestrand Sa Riera gehören weitere kleine Buchten zum Gemeindegebiet von Begur. Alle sind gut beschildert, von ganz unterschiedlicher Güte und im Umkreis von wenigen km erreichbar: **Sa Tuna** (kleiner Strandabschnitt, kieselig), **Aiguafreda** (mit Tauchcenter, Verleih von Ozeankajaks, Restaurant, statt Strand gibt es eine Art Mole zum Liegen; ausgewiesen ist ein 40-min. Wanderweg zum Mirador de la Creu), Aiguablava und Fornells (siehe S. 72).

Von den küstennahen Straßen aus bieten sich ein ums andere Mal herrliche Ausblicke auf die Medes-Inseln. Nahe den Stränden z. T. gebührenpflichtige Parkplätze.

Die küstennahe Straße Begur–Llafranc verläuft teilweise sehr steil, so dass sich Wohnmobil- und Wohnwagenfahrer ggf. zur Variante über Palafrugell entscheiden können. Ab Llafranc kurze Ausflüge zum benachbarten Strand- und Fischerort **Calella de Palafrugell** sowie zum etwa 4 km südlich gelegenen **Cap Roig** mit dem 1927 gegründeten **Botanischen Garten** (Jardí Botànic, im Sommer tägl. 9–20 Uhr geöffnet, sonst 9–18 Uhr; im Juli und Aug. findet dort ein Jazzfestival statt).

Dalí ruft. Was auf Landkarten als Fliegenschiss in der Provinz auftaucht und vor Ort kräftig nach Land riecht, hat sich zur Besuchergröße gemausert: die **Casa-Museu Castell Gala Dalí** im Dorf **Púbol.** Schuld ist das Versprechen Salvador Dalís, seiner Muse Gala einen Palast zu schenken. Gesagt, getan, wenngleich erst drei Jahrzehnte nach dem Manneswort. Seine Wahl fiel auf das baufällige Kastell von Púbol, das in Schwerstarbeit restauriert und vom Meis-

Exzentrischer Gartenschmuck im Schloss Púbol

Die Iberer

Sie sind Namensgeber der Iberischen Halbinsel und der spanischen Fluglinie *Iberia:* die Iberer. Dies Volk des vor- und frühgeschichtlichen Spanien war an der Mittelmeerküste heimisch, im Katalonien des 6. vorchristlichen Jahrhunderts kulturell voll ausgeprägt und entwickelte sich durch Kontakte mit Griechen und Phöniziern weiter. Die Iberer lebten von Ackerbau und Viehzucht, bearbeiteten Metall und Totenköpfe (Schädelkult), verwendeten die Töpferscheibe, betrieben regen Handelsaustausch mit anderen Mittelmeervölkern und legten auf leicht zu verteidigenden Hügeln Siedlungen wie Ullastret (siehe S. 70 ff.) an. Diese umgaben sie mit Schutzwällen *(oppida)* und stellten ihre Häuser auf steinerne Sockel. Besonderheit war die eigene Schrift. Sie bestand aus 28 Zeichen, die sie mehrheitlich von Griechen und Phöniziern übernahmen und deren Zeugnisse man auf Keramik, Webgewichten, Blei- und Steintafeln gefunden hat. Mit Beginn der spanischen Römerzeit Ende des 3. Jahrhunderts v. Chr. gingen die Iberer nach und nach in der neuen Volksgruppe auf. Die spätiberische Zeit, während der bereits eigene Münzen im Umlauf waren, endete im Verlauf des 1. vorchristlichen Jahrhunderts.

ter *en passant* in ein Kunstobjekt verwandelt wurde. Er malte die Decke des Wappensaals aus, verpasste ihm eine falsche Tür, falsche Heizkörper und einen Thron für Gala. Zur kultivierten Extravaganz gehören hochbeinige Elefantenplastiken im Garten, ein Schimmel im Info-Vorraum und ein Cadillac in der Garage, mit der die im Juni 1982 verstorbene Gala von Port Lligat zu ihrer letzten Ruhestätte gebracht wurde. Nämlich hierher, in ihr Kastell, in dem ihr Grab von einer Giraffe sowie Menschen- und Pferdetorsi bewacht wird.

Im Todesmonat seiner Gala, dic cigentlich Elena Ivanovna Diakonova hieß und 1894 in Russland geboren wurde, zog Dalí ins Schloss. Púbol ist eng verbunden mit der Tragik seiner letzten Lebensjahre. Zwar entwarf er hier noch die Eier-und-Brot-Fassade des Teatre-Museu in Figueres, doch sein körperlicher Verfall führte im April 1983 zum Entschluss, nicht weiter zu malen. Ein Zimmerbrand Mitte 1984 fügte ihm schwere Verbrennungen zu, den Rest seines Lebens verbrachte er in seiner Heimatstadt Figueres.

Zu Vorzeiten war diese Gegend von Iberern besiedelt. Drehen wir die Uhr also rund 2 500 Jahre zurück und schauen uns eines ihrer befestigten Hügeldörfer

an: **Ullastret.** Besser gesagt: was davon übrig geblieben ist und Archäologen freigelegt haben, die **Ruïnes d'Ullastret.** Bestens getarnt, versteckt sich der im

7. vorchristlichen Jahrhundert gegründete und ein halbes Jahrtausend später verlassene Ort im Grün der Anhöhe Puig de Sant Andreu d'Ullastret. Ein wulsti-

Bei Begur macht die Costa »Brava« ihrem Namen alle Ehre

Aber es geht auch ganz ▷ entspannt: Calella de Palafrugell

ger Schutzwall umgibt ihn, im Innern streift man zwischen Silos, Zisternen, Haus- und Tempelresten umher; ein kleines Museum gibt es auch.

Hineinspaziert ins Mittelalter! Peratallada und Pals machen die Antwort auf die Frage nach der Schönsten im Hinterland schwer. Beide haben mit ihren Gassen, Plätzen, Bogendurchgängen und efeuumrankten Fassaden das Zeug dazu. Wobei sich in **Peratallada** trotz aller Gemütlichkeit die Floskel von der stehen gebliebenen Zeit nicht strapazieren lässt. Dazu gibt es einfach zu viele »Dorfentdecker«, dazu ist der katalanische Geschäftssinn, mit dem man das Mittelalter in klingende Münze umsetzt, einfach zu ausgeprägt. Will heißen: An manchen Restaurantpreisen hat man schwer zu schlucken.

Hinter Sant Julia de Boadà und seiner winzigen Steinkirche erreicht man **Pals**. Der Weg führt hoch auf den Ortshügel mit Bruchsteinhäusern, Kirche und dem Torre de les Hores; der Blick vom Turmplateau reicht bis zu den Medes-Inseln.

Begur sonnt sich im Glanz seiner Strände. Star unter den nahen Badebuchten ist **Sa Riera,** wo das glasklare Wasser von Felsmassiven umgeben ist.

Auf der Strecke Begur–Llafranc geht es stetig auf und ab: hinab zum kleinen Hafenbecken von **Fornells** und zur Sandstrandbucht **Aiguablava,** über einen steilen Hügel, dann abwärts zum herrlichen Strand von **Tamariu,** schließlich hinauf zum Leuchtturmplateau des **Far de Sant Sebastià.** Dort liegt einem die Costa Brava zu Füßen: mit Klippen, dem Blaugrün der See, Felsplateaus, dem 330-Meter-Sandstrand von Llafranc und Kakteen und Agaven, die sich an steile Hänge klammern. Seit 1857 schickt der Leuchtturm sein Licht über das Cap de Sant Sebastià.

Hafen, Sandstrand, Promenade und Kneipen sind die Bestandteile des Urlaubsmosaiks in **Llafranc.** Alles auf engstem Raum, heimelig - aber nicht gerade billig. Wie im benachbarten Strand-, Felsen- und Fischerort **Calella de Palafrugell,** so führt in manchen Restaurants der Nepp Regie, bezahlt man Freudenhauspreise fürs Eis und bekommt den Kaffee auf Höchsttarif gebrüht. Vorzugslage und Meeresambiente machen allerdings vieles wieder wett.

Casa-Museu Castell Gala Dalí
17120 Púbol
Mitte März–Ende Okt. geöffnet. Mitte Juni–Mitte Sept. tägl. 10.30–20 Uhr, sonst tägl. außer Mo 10.30–18 Uhr
Mittelalterliche Burg, von Salvador Dalí für seine Muse Gala hergerichtet. Längst nicht so spektakulär wie das Teatre-Museu in Figueres oder Dalís Wohnhaus in Port Lligat, aber auf alle Fälle sehenswert. Ein Sonderraum bringt Ihnen die Kleidung des Ehepaars Dalí näher: mit Festkleidern von Gala und dem löchrig getragenen »amerikanischen Hemd« Dalís.

Ruïnes d'Ullastret
17114 Ullastret
Juni–Sept. Di–So 10–20 Uhr, Okt.–Mai Di–So 10–14 und 15–18 Uhr
Ruinenareal aus der Zeit der Iberer, in dem die Ausgrabungsarbeiten fortschreiten. Das Museum gibt zu verschiedenen Aspekten des Lebens der Iberer Aufschluss: Handel, Landwirtschaft, Jagd, Metallbearbeitung, Töpferei, Weberei, Steinmetzkunst, Architektur, Schrift und Schädelkult (von Nägeln durchbohrte Schädel mit abgeschliffenen Zähnen). Interessant sind auch die kleinen Schmuckobjekte wie Ringe und Kleiderverschlussnadeln.

Das heutige Örtchen Ullastret - vom Ruinengebiet aus gesehen auf der anderen Seite der Landstraße GI-644 gelegen - bietet einen kleinen steinernen Ortskern mit Teilen des alten Verteidigungsgürtels.

Diebstahlgefahr: Ein Hinweisschild am Parkplatz der Ruïnes d'Ullastret warnt unzweifelhaft: Man sollte nichts im Wagen liegen lassen.

Über den Ort Peratallada verteilen sich eine ganze Reihe von Landhausunterkünften, während man im zentralen **Hotel Castell de Peratallada** in purem Vier-Sterne-Luxus schwelgt (Plaça del Castell, 1, © 972 63 40 21, Fax 972 63 40 11, casteperat@aplitec.com; acht Suiten, €€€).

Castell de Peratallada
Plaça del Castell, 1
17113 Peratallada
© 972 63 40 21
Feudales Schloss- und Speiseambiente. Verschiedene Fisch-und Fleischgerichte, Menü der Luxusklasse. €€€

L'Arc Vell
Plaça del Castell, s/n
17113 Peratallada
© 972 63 40 00
Schöner Innenhof- bzw. Terrassenbereich. Grillspezialitäten. €€

Altstadtbereich von Peratallada mit Stadtmauer (12./13. Jh.) und Burg (11.–14. Jh., heute Hotel); auf der anderen Seite der Durchgangsstraße liegt die **Església de Sant Esteve** (13. Jh.).

Feste in Peratallada
Wochenende mit mittelalterlichem Markt, Ende Sept./Anfang Okt.

Oficina de Turisme
Aniceta Figueres, 6
17256 Pals
© 972 66 78 57, Fax 972 66 78 18

Càmping Cypsela
Platja de Pals
17256 Pals
© 972 66 76 96, Fax 972 66 73 00
info@cypsela.com
Geöffnet Mitte Mai–Mitte/Ende Sept.

Im Bereich um die Plaça Major von Pals findet man einige **Keramikgeschäfte**.

Oficina de Turisme
Avinguda Onze de Setembre, 5

Ausflug ins Mittelalter: Pals

17255 Begur
✆ 972 62 45 20, Fax 972 62 45 78

An der Badebucht Sa Riera von Begur findet man mehrere Bars und Restaurants mit sommerlichem Freiluftservice.

Im Ortskern von Begur **Església de Sant Pere** (17. Jh., Hauptaltar mit modernen Gemälden von Raimon Roca), **Plaça de la Vila** und **Plaça Pella i Forgas** (mit kleinem Bilderstock eines gekreuzigten Christus).

Hotel Aigua Blava
Platja de Fornells
17255 Fornells
✆ 972 62 10 58, Fax 972 62 21 12
hotelaiguablava@aiguablava.com
www.aiguablava.com
Vier-Sterne-Komfort, Zimmer mit Aussichtsbalkonen, schöne Terrasse, Meerwasserpool, Restaurant und Bars, Grünanlagen. €€€

Parador Aiguablava
Platja d'Aiguablava
17255 Aiguablava

✆ 972 62 21 62, Fax 972 62 21 66
aiguablava@parador.es
Vier-Sterne-Hotel, das auf der Punta d'es Muts thront und von Kiefernwäldern umgeben ist. Zimmer mit Meerblick, Restaurant mit Fisch und Meeresfrüchtespezialitäten. €€€

An der Promenade von Tamariu sind einige **Restaurants**, in denen sich angenehm sitzen lässt.

Kajak- und Tretbootverleih in Tamariu. Tauch- und andere Bootsexkursionen.

Oficina de Turisme
Carrer Roger de Llúria, s/n
17211 Llafranc
✆ 972 30 50 08

El Far
Far de Sant Sebastià/Cap de Sant Sebastià
17211 Llafranc
✆ 972 30 16 39, Fax 972 30 43 28
hotelfss@intercom.es
Hoch über der Küste gelegenes »Leuchtturmhotel«, vier Sterne, traumhafte Sicht, mit Restaurant. €€€

Hotel Llevant
Carrer de Francesc de Blanes, 5
17211 Llafranc
✆ 972 30 03 66, Fax 972 30 03 45
hllevant@arrakis.es
24-Zimmer-Hotel mit dem Vorteil, dass es am nichtbefahrbaren Teil der Meerespromenade liegt (aber: Sommertrubel). Mit angeschlossenem Restaurant. €€€

Hostal La Llagosta
Carrer de Francesc de Blanes, 24
17211 Llafranc
✆ 972 30 01 15
Günstig an der Promenade gelegen, kleine Zimmerbalkone zur Meerseite hinaus. Im Unterbereich Restaurant (mehrere Menüs zur Wahl). €€

Càmping La Siesta
Carrer Chopitea, 110–120 (Calella de Palafrugell)
17211 Llafranc
✆ 972 61 51 16, Fax 972 61 44 16
info@campinglasiesta.com
Geöffnet Mitte April–Anfang/Mitte Sept. Mit Bungalowpark.

Über die nette Promenade (Carrer de Francesc de Blanes) und den Hafenbereich von Llafranc verteilt sich eine ganze Reihe von Restaurants; Bars findet man um die Plaça del Promontori. Weitere Einkehrmöglichkeiten im benachbarten Strandort Calella de Palafrugell.

Sandstrand von Llafranc mit Schwimmareal. **Bootsausflüge** zu Felsenhöhlen wie der Cova Bispe und der Cova d'en Gisper. Während der Sommersaison auch Tauch- und Schnorchelausflüge.

Essen soll nicht nur schmecken, sondern auch Spaß machen!

◁ *Hotel Aigua Blava, Begur*

5 Kork, Keramik und Promenaden

Palafrugell bis Platja d'Aro

5. Route: Llafranc – Palafrugell – La Bisbal d'Empordà – Calonge – Sant Antoni de Calonge – Palamós – Dolmen Cova d'En Daina – Romanyà de la Selva – Platja d'Aro (56 km)

Vormittag
Am Morgen ggf. Bootsausflug ab Llafranc oder Kurzabstecher nach Calella de Palafrugell und zum Botanischen Garten, dann kurze Fahrt durchs Landesinnere nach **Palafrugell** (Geschäftszone, Korkmuseum). Ab Palafrugell auf der C-255 13 km weiter in das Keramikstädtchen **La Bisbal d'Empordà** (Shops, Museum) und ab dort durchs hügelige Hinterland Richtung **Palamós** (im Orts-

Bucht von Calella de Palafrugell

kern von La Bisbal d'Empordà folgt man zunächst dem leicht zu übersehenden Schild nach Sant Pol; GI-660). In Palamós Promenadenbummel/Badestopp und Mittagsrast (alternativ in Sant Antoni de Calonge).

Nachmittag
Ab Palamós zunächst ein Stück zurück Richtung Calonge, dann ausgeschilderter Links-Abzweig Richtung Romanyà de la Selva – auf kleiner nummernloser Straße den grünen Hügeln entgegen. Kurz vor Romanyà de la Selva liegt rechter Hand ein kleiner Parkplatz, ausgeschilderter kurzer Fußweg durch Korkeichenwald zum **Dolmen Cova d'En Daina**. Im Höhenort Romanyà de la Selva Links-Abzweig (nicht ausgeschildert) und Fahrt abwärts Richtung Meer nach **Platja d'Aro**; das letzte Stück ist recht steil.

Alternativen & Extras
Wenige km westlich von La Bisbal d'Empordà liegt der mittelalterliche Ort **Cruïlles**, nord-nordöstlich von La Bisbal d'Empordà erreicht man problemlos Púbol (siehe S. 68 f.), Ullastret (siehe S. 70 ff.) und Peratallada (siehe S. 72).

Reisende mit wenig Zeit lassen die zweite Schleife durchs Hinterland aus (Dolmen, Romanyà) und wählen ab Palamós die direkte Küstenstraße nach Platja d'Aro.

Auf einer zweispurigen Straße erreicht man **Palafrugell,** das sonntagmorgens mit seinem großen Freiluftmarkt erwacht. Im Duft von Blumen und Zimt, von Oliven und Käse, angereichert mit Melonen und Strauchtomaten. Umtriebig ging es schon im 18. Jahrhundert zu, als mit der Korkindustrie der Wohlstand nach Palafrugell kam. Aufschluss gibt das Korkmuseum, das dem 18 000-Einwohner-Städtchen, Geburtsort des bekannten katalanischen Literaten Josep Pla (1897–1981), ein wenig Anziehungskraft verleiht.

Vom Kork zur Keramik und damit nach **La Bisbal d'Empordà.** Ein blauer Salamander für die Wand, ein Indianerkopf, ein kleiner Buddha oder eine dekorative Sau? Mit nicht-alltäglichem Kitsch und Keramik für den täglichen Gebrauch macht La Bisbal d'Empordà ganz auf Töpferstädtchen. In Mitbringsel-Megashops streicht man behutsam an erschwinglichen Tellern und Vasen vorbei, an Kannen und Krügen und dem »Supersonderpack« Kasserrollen. Meist in erdfarbenen Tönen sowie Blau und Gelb.

Grün vor Augen wird es einem zwischen La Bisbal d'Empordà und der Küste. Kiefern und Oliven säumen den Weg, Korkeichen breiten ihr knorriges Geäst über die Straße – Hinterlandromantik und ein wohliges Stück bäuerliches Abseits, das ebenso schnell vergeht wie es gekommen ist. Der Kirch- und Burghügel von **Calonge** verkündet die Rückkehr zur Zivilisation; Ende des 19. Jahrhunderts waren in der örtlichen Korkindustrie rund 750 Männer und Frauen beschäftigt.

Richtung Meer geht Calonge in **Sant Antoni de Calonge** über, das wiederum mit dem 14 000 Einwohner starken **Palamós** verschmilzt. Bis auf Weiteres hat die Costa Brava ihre Panoramen aus steilen Küsten und engen Buchten hinter sich gelassen und öffnet sich mit der weiten Badia de Palamós, langgestreckten Promenaden und dem Sandstrand, der nordostwärts auf den großen Hafen von Palamós zuläuft. Die Hafenzonen sind strikt getrennt. Auf der einen Seite stapeln sich Seile und Netzwerk der Fischer, auf der anderen protzt die katalanische Geldelite mit ihren Jachten. In der Altstadt steigt man zur gotischen Kirche Santa Maria del Mar auf und den Bummelgassen um die Carrer Major.

Schiffsprozession vor Palamós

Nun geht es ins dünn besiedelte Grün der **Serra de les Gavarres.** Würzig-klare Höhenluft und ein Zauberwald aus Korkeichen umgibt den **Dolmen Cova d'En Daina,** ein stattliches megalithisches Zeugnis der Costa-Brava-Urväter, 4 000 Jahre alt.

Auf nummern- und mittelstreifenlosem Sträßchen und durch das ein oder andere Schlagloch fährt man vom Höhenort **Romanyà de la Selva** zurück ans Meer. Kiefern, Ginster, Brombeerranken, Korkeichen, Eukalyptus und Golfbälle fliegen vorbei – vom Golfplatz d'Aro sind es noch ein paar Abschläge abwärts bis **Platja d'Aro.**

Die Skyline lässt keinen Zweifel. Mit seinen Appartementkästen ist Platja d'Aro eine touristische Sommerhochburg mit Jubel-Trubel-Heiserkeit. Die Trümpfe des 7 000-Einwohner-Küstenstädtchens: Meerespromenade, Sporthafen und 1750 Meter langer Hauptstrand, Restaurants, Bars sowie Sport & Fun bis zum Abwinken.

Cala del Pi bei Platja d'Aro ▷

Altes Handwerk: Spitzenklöpplerin

Museu del Suro
Carrer de la Tarongeta, 31
17200 Palafrugell
Mitte Juni–Mitte Sept. tägl. 10–14 und 16–22 Uhr, sonst Di–Sa 17–20, So 10.30–13.30 Uhr
Korkmuseum, das Aufschluss über Anbau der Korkeichen und Produktion der luftigen Flaschenstöpsel gibt.

Freiluftcafés und -bars gibt es an der Plaça Nova von Palafrugell.

Der große **Sonntagsmarkt** in Palafrugell findet im Bereich der Carrer de Pi i Maragall statt. Ansonsten konzentriert sich das alltägliche Geschäftsgeschehen um die Carrer de Cavallers und die Sant-Martí-Kirche.

Oficina de Turisme
Plaça del Castell, s/n
17100 La Bisbal d'Empordà
✆ 972 64 25 93
Fax 972 64 31 86

Museu Terracotta
Carrer del 6 d'Octubre, 99
17100 La Bisbal d'Empordà
✆ 972 64 20 67
Juni–Sept. Mo–Sa 11–14 und 17–20 Uhr, sonst nach Absprache
Keramikmuseum.

Die großen **Keramikshops** von La Bisbal d'Empordà liegen an der Ausfallstraße Richtung Girona.

Oficina de Turisme
Avinguda Catalunya, s/n
17252 Sant Antoni de Calonge
✆ 972 66 17 14, Fax 972 66 10 80
calonge@ddgi.es
www.calonge-santantoni.com

Am Passeig del Mar in Sant Antoni de Calonge liegen zahlreiche Restaurants.

Oficina de Turisme
Passeig del Mar, s/n
17230 Palamós
✆ und Fax 972 60 05 50
info@palamos.org
www.palamos.org

Càmping Palamós
Carretera de la Fosca, 1
17230 Palamós
✆ 972 31 42 96
Fax 972 60 11 00
Geöffnet April–Sept.

La Gamba
Plaça Sant Pere, 1
17230 Palamós
✆ 972 31 46 33
Feine Fischküche mit Speisetradition seit 1967. Der Küchenchef empfiehlt den leicht angerösteten Tintenfisch, Zackenbarschfilet, Hummer, Rochen, Palamós-Garnelen und natürlich das Spezialmenü. Überdachte Terrasse, großer Speisebereich innen. €€€

Club Nàutic
Carrer Port, s/n
17230 Palamós
✆ 972 31 40 48
Direkt am Jachthafen gelegenes Fischrestaurant mit reichlich Sitzplätzen draußen. Zu den Spezialitäten zählen Seeteufel, Kabeljau, Goldbrasse und Garnelen aus Palamós. €€

Oficina de Turisme
Carrer Mossèn Cinto Verdaguer, 4
17250 Platja d'Aro
✆ 972 81 71 79
Fax 972 82 56 57
turisme@platjadaro.com
www.platjadaro.com
Aktuelle Informationen zu Führungen durch das Castell de Benedormiens (auch Castell d'Aro genannt).

Park Hotel Hespería San Jorge
Carretera de Palamós, s/n
17250 Platja d'Aro
✆ 972 65 23 11, Fax 972 65 25 76
Herrlich gelegenes Vier-Sterne-Haus mit Meerblick, von Kiefern flankiert. Pool, Sauna, Restaurants, Parkplatz. €€€

Hotel Columbus
Passeig Marítim, 100
17250 Platja d'Aro
✆ 972 81 71 66, Fax 972 81 75 03
Vier-Sterne-Haus an der Promenade, ein Katzensprung hinüber zum Sandstrand. Zimmer mit Aussicht, Pool. €€€

Càmping Internacional de Calonge
Zwischen Platja d'Aro und Sant Antoni de Calonge
✆ 972 65 12 33, Fax 972 65 25 07
intercalonge@intercalonge.com
Ganzjährig geöffnet.

Càmping Treumal
Zwischen Platja d'Aro und Sant Antoni de Calonge
✆ 972 65 10 95, Fax 972 65 16 71
info@campingtreumal.com
Geöffnet April–Sept.

Zahlreiche **Einkehrmöglichkeiten** in Platja d'Aro am Passeig Marítim (Zentralbereich Platja Gran) sowie – bei jüngerem Publikum der Hit – an der Durchfahrtstraße Palamós–Sant Feliu, wo sich u. a. Pizzerien, Eisdielen und Fastfood-Tempel aufreihen.

Reiches **Wassersport-Angebot** in Platja d'Aro, von Jetski über Parasailing bis zum sommerlichen Wasserpark (Parc Aquàtic).

6 … und ewig locken die Strände

S'Agaró, Sant Feliu de Guíxols und Tossa de Mar

6. Route: Platja d'Aro – S'Agaró – Sant Feliu de Guíxols – Tossa de Mar (30 km)

Vormittag/Nachmittag
Der Tag sollte ganz nach dem Etappenziel Tossa de Mar ausgerichtet sein, das zu Recht als eines der schönsten Städtchen der Costa Brava gilt. Auf dem Weg dorthin sind Badestopps in **S'Agaró** und **Sant Feliu de Guíxols** möglich, bevor sich die traumhafte Küstenstraße GI-682 in stetem Auf und Ab nach **Tossa de Mar** schlängelt. Man steuert die kleinen Parkbuchten an und genießt die Aussicht. Im Urlaubsstädtchen Tossa de Mar sollte man die Mittagsrast verbringen, die kleine Fußgängerzone erkunden und den Altstadthügel erklimmen (Wachtürme, Stadtmuseum). *Last but not least:* entspannen an den etwas grobsandigen Stränden.

Alternativen & Extras
Tossa de Mar eignet sich als Stützpunkt, um lohnende Ziele zu erkunden: das südwestlich gelegene **Lloret de Mar** (siehe S. 97 ff.) und das 39 km entfernte **Girona** (siehe S. 165 ff.). Über die Zwischenstation Girona kann man problemlos an Banyoles und Olot und damit die Pyrenäenrouten Richtung **La Seu d'Urgell** (siehe S. 139 ff.) anbinden.

Die Küste bei Sant Feliu de Guíxols …

Und ewig locken die Strände. Wer nach seiner Sand- und Wasserration in Platja d'Aro noch nicht genug hat, bekommt in **S'Agaró** Nachschlag. Allerdings um einige Nummern kleiner. Üppiger bemessen ist **Sant Feliu de Guíxols,** das in seiner Bucht Hafen, Mole und Sandstrand vereint und letzte Flachlandstation vor der kurvenreichen Trasse nach Tossa de Mar ist. Zeit genug für eine Rast am Strand oder in der Restaurantmeile Passeig del Mar und für Magenempfindliche, ein paar Reisetabletten nachzuschieben. Denn auf Höhe des romanisch-gotischen Klosters geht's los, beginnt sich die Carretera de la Costa hoch über die Küste zu heben und zu senken; sie ist eine der schönsten Panoramastrecken in ganz Spanien.

Welch wildes, zerfurchtes, ja: atlantisch raues Gesicht der Costa Brava! Welch dramatische Schönheit! Steilabfälle bieten Wind und Wellen die Stirn, Felsen ragen ins Meer hinein, der glitzernde Wasserspiegel

dehnt sich bis zum Horizont. Das Sträßchen fällt ab, steigt an, zieht sich ins Inland zurück, windet sich an Kiefern und rostrot geschälten Korkeichenstämmen vorbei. Jeder Kilometer garantiert ein (Ausblick-) Erlebnis, während sich der Verkehrsstrom der Mitentdecker in Gegenrichtung vorbeiwälzt und ein eli-

… zeigt oft ein raues Gesicht. Die Küstenstraße zwischen Sant Feliu und Tossa de Mar bietet immer wieder spektakuläre Ausblicke.

tärer Clubhotel-Hügel die Ursprünglichkeit trübt. **Tossa de Mar** kommt erwartet, aber unverhofft nah. Hinter einer Biegung taucht es auf und dehnt sich bis zur Landspitze Cap de Tossa.

Paradis bleu, »blaues Paradies«, hat der russisch-französische Maler Marc Chagall in den 1930er Jahren

Tossa de Mar hat mehr als nur mittelalterliche Baukunst zu bieten

von Tossa de Mar geschwärmt. Damals, als der Küstenort noch ein Künstlerort und nicht vorauszusehen war, dass allsommerlich Riesenwogen von Touristen über Tossa hinweg schwappen würden. Das Stadtmuseum ruft die Künstlervergangenheit ins Gedächtnis. Mit dem »Himmlischen Violonisten« Chagalls und Landschaftsansichten der Tossa-Größen jener Jahre: von Oscar Zügel bis Rafael Benet, der das geflügelte Wort von Tossa als »Babel der Künste« prägte. Das heutige Ortsbild wird durch moderne Bildhauerwerke eines Frederic Marès und Bonaventura Ansón angereichert; Ció Abellís bronzenes Bildnis der Hollywood-Diva Ava Gardner erinnert an den 1951 in Tossa gedrehten Streifen »Pandora and the Flying Dutchman«.

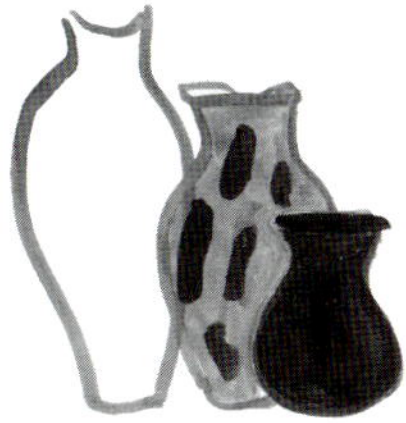

Trotz großer Zugkraft bleibt das iberische *Túrissa* klein und reicht gerade einmal an die 4 000-Einwohner-Marke heran. Ein Vermächtnis aus dem Mittelalter ist der ummauerte Altstadthügel mit seinen markanten Wachtürmen. Oberhalb des romantisch-verschlungenen Mauerverbunds windet sich ein Weg aufwärts an Kirchruinen und Kanonenrohren vorbei zum Leuchtturm von Cap de Tossa. Der Blick schweift über Bucht, Klippen, Strände, schaukelnde Bötchen und den Hauptort mit seinen weißen Häuserkuben und ziegelroten Dächern. Die Costa Brava wie aus dem Bilderbuch – aus dieser Perspektive wirkt Tossa de Mar jungfräulich unberührt. Was es nicht ist. Die »Blume des Meeres« – PR-Slogan aus der Franco-Zeit – riecht in ihrem Innern stark nach Burgern und Pizza, Schilder bringen einen mit *Bier vom Fass, Jägermeister* und *Underberg* auf den richtigen (hochprozentigen) Weg. Im Gassengeflecht der Fußgängerzone hallt in der Saison ein babylonisches Sprachengewirr aus englisch, französisch, dänisch und kölsch wider.

Tossas Hauptstrand ist die Platja Gran. Den nordöstlichen Buchtabschluss bilden die kleinere Platja de la Mar Menuda und die Felsgebilde Sa Banyera de ses Dones, während man jenseits des Altstadthügels zur Platja Es Codolar gelangt. Eine Infotafel am Hauptstrand gibt Aufschluss über die Wasserqualität.

Am Strand von S'Agaró

Oficina de Turisme
Carretera Sant Feliu, s/n
17248 S'Agaró
✆ 972 82 00 74

Oficina de Turisme
Plaça del Monestir, s/n
17220 Sant Feliu de Guíxols
✆ 972 82 00 51, Fax 972 82 01 19
otsfg@ddgi.es

Kloster und Museu d'Història de la Ciutat
Plaça del Monestir
17220 Sant Feliu de Guíxols
Museum: Juni–Sept. Di–Sa 11–14 und 18–21, So 11–14 Uhr, Okt.–Mai Di–Sa 11–14 und 17–20, So 11–14 Uhr
Das Kloster ist ein verschachteltes Konstrukt aus mehreren Jahrhunderten: romanische Mauerreste (11./12. Jh.), Turm (Torre del Fum, 10.–16. Jh.), Kirche (14./15. Jh.) und freistehender Bogen (Arc de Sant Benet, 18. Jh.). Das Stadtgeschichtemuseum ist dem Komplex angegliedert.

Großer **Sonntagsmarkt** im Zentrum von Sant Feliu de Guíxols (vormittags).

Oficina de Turisme
Avinguda del Pelegrí, 25
17320 Tossa de Mar
✆ 972 34 01 08, Fax 972 34 07 12
oftossa@ddgi.es
www.tossademar.com

Gran Hotel Reymar
Carrer Joaquim Esteve Llach, s/n
17320 Tossa de Mar
✆ 972 34 03 12
Fax 972 34 15 04
mail@ghreymar.com
In Vorzugslage über dem Strand Mar Menuda, vier Sterne, geöffnet Mai–Okt. €€€

Hotel Mare Nostrum
Carrer Enrique Granados, 21
17320 Tossa de Mar
✆ 972 34 06 67
Fax 972 34 02 31
hotel@marenos.es
90-Zimmer-Hotel, zwei Sterne, ein wenig hellhörig und recht klein: Pool, Zimmer, Balkone und auch der Preis (vor allem in der Nebensaison). Mit Glück erwischt man einen Parkplatz vor dem Haus; der Strand liegt ein paar Gehminuten entfernt. Geöffnet Mitte April–Ende Okt. €–€€

Hotel Tonet
Plaça de l'Església, s/n
17320 Tossa de Mar
✆ und Fax 972 34 02 37
In einem vergleichsweise ruhigen Stadtteil und genau gegenüber der Kirche Sant Vicenç gelegen. Ein Stern, 36 Zimmer, ganzjährig. €–€€

Pensió Can Lluna
Carrer Roqueta, 20
17320 Tossa de Mar
✆ 972 34 03 65
Einfache 17-Zimmer-Pension, gehört zu den preisgünstigsten städtischen Unterkünften. Geöffnet April–Sept. €

Càmping Tossa
Carretera Tossa-Llagostera, km 3
17320 Tossa de Mar
✆ 972 34 05 47, Fax 972 34 15 31
Geöffnet April–Sept.

Caravaning Càmping Pola
Carretera Tossa-Sant Feliu, km 4
17320 Tossa de Mar
✆ 972 34 10 50, Fax 972 34 10 83
Geöffnet Mitte Mai–Mitte Okt.

Roqueta Mar
Carrer Roqueta, 2
17320 Tossa de Mar
✆ 972 34 00 82
Abseits des Hauptgassengeflechts, draußen sitzt man ganz nett unter Lauben. Zu den Spezialitäten des Hauses zählen Seeteufel in Zitronensauce und Paella. €€

Can Pol
Carrer Portal, 28
17320 Tossa de Mar
✆ 972 34 25 93
Schöne Lage: genau zu Füßen der Stadtmauer mit Blick auf zwei wulstige Rundtürme. Rustikales Gestühl. Kunterbunte Speisekarte mit Paella und Pizza, Spaghetti, Entrecote und Tintenfischen vom Rost. €€

Hinter der Platja Gran von Tossa de Mar reihen sich jede Menge Restaurants auf; weitere an der Platja

Das Kloster von Sant Feliu de Guíxols ist eine der Hauptattraktionen der Stadt

de la Mar Menuda sowie oberhalb der Platja del Reig an der Avinguda Sant Ramon de Penyafort.

Zu den vergleichsweise bescheidenen Sehenswürdigkeiten von Tossa de Mar zählen die Kirche **Sant Vicenç** (18. Jh., restaurierte Wandmalereien; Plaça de l'Església) und die **Vil.la romana** (spärliche Fundamentreste aus der Römerzeit; Avinguda del Pelegrí, gegenüber der Casa de Cultura).

Museu Municipal
Plaça Roig i Soler, 1
17320 Tossa de Mar
Juni–Sept. Di–So 10–19, sonst Di–So 10–13 und 15–18 Uhr
In der Altstadt gelegenes Stadtmuseum, gut aufbereitet. Historische Abteilung mit Exponaten aus der Vorgeschichte und den Zeiten der Iberer und Römer (Keramik, Münzen, Mosaik).

In der Kunstsammlung sind u. a. Marc Chagall, André Masson, Rafael Benet und Jaume Mercadé vertreten. Interessant im zweiten Stock (Moderne Kunst) sind die Eisenskulpturen von Joan Bancells sowie Lithographien von Josep Maria Subirachs und Eduardo Chillida. Auch Wechselausstellungen.

ROUTE 6 Informationen: Tossa de Mar

Ab dem Hauptstrand von Tossa de Mar (Platja Gran) **Bootsausflüge**; Ziele sind u.a. die zwischen Tossa de Mar und Sant Feliu de Guíxols gelegenen zahlreichen Buchten und Felsenhöhlen. Am Mar-Menuda-Strand Tauchkursanbieter (für Newcomer: Schnuppertauchen).

Terminal d'Autobusos
Avinguda del Pelegrí, s/n (nahe dem Fremdenverkehrsamt)
17320 Tossa de Mar
✆ 972 34 09 03
Verbindungen u. a. nach Barcelona, Cadaqués, Girona, Lloret de Mar, Palafrugell, Roses.

Feste in Tossa de Mar
Großes Stadtfest, Ende Juni/Anfang Juli
Schnellmaler-Wettbewerb, letzter So im Aug.

Verwinkelte Altstadtgassen laden in Tossa de Mar zu Entdeckungen ein

7 Meereswind und ein Hauch von Las Vegas

Von Lloret de Mar bis Blanes

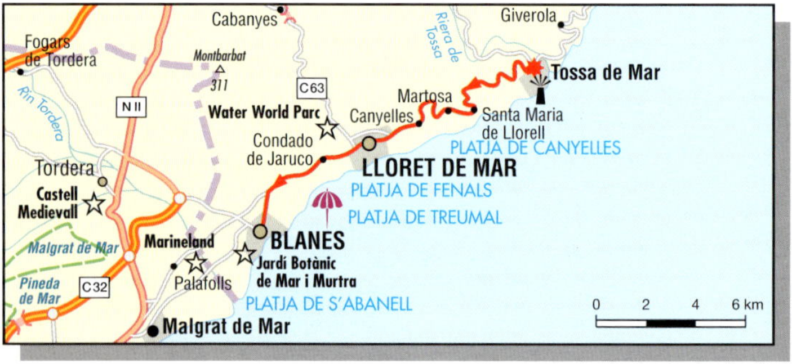

7. Route: Tossa de Mar – Lloret de Mar – Blanes (17 km)

Vormittag/Nachmittag
Die Schwerpunkte des Tages gleichen das minimale Fahrpensum auf der GI-682 aus. Diese liegen auf den Stränden von **Lloret de Mar** und **Blanes** – aber nicht allein. In beiden Städtchen bieten sich ausgedehnte Promenadenbummel an, in Lloret de Mar zusätzlich Erkundungen der Felsmassive beidseits des Strands sowie der Innenstadt, in Blanes Botanischer Garten, Hafen und herrliche Badebucht Cala de Sant Francesc. Wer High- und Nightlife möchte, kehrt am Abend nach Lloret de Mar zurück.

Alternativen & Extras
Strandabzweige zwischen Tossa de Mar und Lloret de Mar: nach 3 km zur **Cala Llevadó** (mit Camping), nach 5 km zur besonders schönen **Platja de Canyelles** hinab (gut zum Baden; kleines Hafenbecken, Wassersportzentrum).

Tossa–Lloret kurz und bündig. Karawanenartig schiebt man sich zwischen beiden Ferienzentren voran, steigt ins Hinterlandgrün, verliert die Küstenlinie aus dem Blick und genießt an anderer Stelle die Aussicht aufs Meer. Was in **Lloret de Mar** nicht uneingeschränkt möglich ist. In der 20 000-Einwohner-Stadt türmen sich Appartementkästen auf, hier liegt der Charme der Costa Brava unter Beton begraben, aus dem das Las Vegas der katalanischen Küste erwächst. Mit abendlicher Lichterflut, Spielhallen und Casino. Discos, Pubs, Bars und Burgertempel ziehen die Massen an.

Wer im Hochsommer nach Lloret de Mar fährt, weiß, was ihn erwartet. Oder sollte es wissen. Über Tag aalt man sich am 1630 Meter langen Hauptstrand, bei Dunkelheit geht man auf Achse. Gerade die richtige Zeit, um Vorurteile zu pflegen von teutonischen Muskelshirtlern, Bierbäuchlern mit Dauerdurst und drallen Blondinen. Sie alle gibt es. Ebenso wie die übelsten Flamencokleid-Imitationen in Geschäften, wie »Leberkäs«- und »Eisbein«-Schilder und »Jägerschnitzel« mit »Pommes und Salat«! Gleichwohl wäre es ungerecht,

Jenseits von Appartementkästen – Hotelanlage bei Lloret de Mar

ein Urteil über Lloret de Mar als Urlaubsort von der Stange zu fällen. Vor allem in der Nebensaison, wenn man den Strand wieder am Sand erkennt und nicht an Kokosölschwaden. Wenn das Wasser glasklar schimmert, sich Getümmel und Gewimmel an der Strandpromenade gelegt haben und Besucher nicht gezwungen sind, im Entenmarsch die Felsmassive jenseits des Hauptstrands zu erkunden und zur bronzenen Fischersfrau aufzusteigen. Spätestens dann wird man seine persönliche Lanze brechen für Lloret de Mar, das mit der Sa Caleta (Ostende Hauptstrand) und mit der 700 Meter langen Platja de Fenals - weiter gen Westen - schöne Strände bereit hält.

◁ Wassersporthochburg Lloret de Mar

In **Blanes** entkommt man dem Strudel des Massentourismus. Kein Vergleich mit der vibrierenden Hochburg Lloret, dafür mit ein paar Strandkilometern mehr und einem **Botanischen Garten** in traumhafter Lage hoch über dem Meer. Selbst wenn einem weder Kakteen, Palmen noch Bambus am Herzen liegen, allein die Aussicht rechtfertigt einen Besuch im Jardí Botànic Mar i Murtra.

Zwischen Felsenflanken versteckt hält sich die **Cala de Sant Francesc**. Einmal entdeckt, wird man sie rasch zu seiner Lieblingsbadebucht weit und breit erklären. Wetten, dass ...? Falls nicht, bleiben die Hauptstrände Platja de Blanes und Platja de S'Abanell, die von einem vielzackigen kleinen Massiv unterbrochen und von herrlichen Promenaden flankiert werden.

In Blanes hat man den letzten Zipfel der Costa Brava erreicht. Was Richtung Barcelona folgt, ist zwar noch *costa*, aber nicht mehr *brava*. Nicht mehr die »Wilde« und »Ungezähmte«, sondern ein langes Sandband, dem Schienenstränge und Nationalstraße zuweilen bedrohlich nah kommen.

Bootsexkursionen werden überall an der Küste angeboten

ROUTE 7 Informationen: Lloret de Mar

Oficina de Turisme
Plaça de la Vila, 1
17310 Lloret de Mar
✆ 972 36 47 35, Fax 972 36 77 50
turisme@lloret.org
www.lloret.org/turisme.htm
Hier gibt es das monatlich erscheinende Heftchen *agenda d'activitats*, das über aktuelle Ausstellungen, Märkte, Konzerte und Vorträge informiert.

Rigat Park Hotel
Platja de Fenals
17310 Lloret de Mar
✆ 972 36 52 00, Fax 972 37 04 11
Schön über dem Strand gelegenes Vier-Sterne-Haus, mit Grünanlage; Gästeparkplatz. 105 Zimmer, Pool, Ende Okt.–Ende Feb. geschl. €€€

Hotel Miramar
Passeig Verdaguer, 6
17310 Lloret de Mar
✆ 972 36 47 62, Fax 972 36 45 15
Mitten im prallen Leben, über zwei Straßen hinweg ist der Hauptstrand erreicht; kleiner Pool. Zu empfehlen sind Zimmer in den oberen Geschossen. Juni–Sept. Buchung nur über Reisebüros (keine individuelle Aufnahme möglich), Mitte Okt.–März geschlossen. €€–€€€

Hotel Garbí Park
Carrer Santa Marta, s/n
17310 Lloret de Mar
✆ 972 36 46 76, Fax 972 37 23 87
Drei-Sterne-Hotel, Hallen- und Außenpool, Zimmer mit kleinem Balkon. Vorteil des Hauses ist die Lage abseits der Hauptstraße – dennoch sind Strand und Trubel rasch erreichbar. Geöffnet Mitte März–Ende Nov. €€

Zahlreiche **Restaurants** u. a. am Passeig Verdaguer, hinter dem Sa-Caleta-Strand und im Dreieck Passeig Agustí Font–Abinguda Just Marlès i Vilarrodona–Passeig Manel Bernat. Für ihr gutes Preis-Leistungs-Verhältnis sind die Restaurants im Fußgängerbereich der Carrer de la Riera bekannt.

Cala Banys
Erreichbar ab dem südwestlichs-

ten Ende des Hauptstrands, dann ein vielstufiges Auf und Ab entlang der Küstenfelsen
17310 Lloret de Mar
Tägl. 10–3 Uhr
Ideal für Eisbecher am Tag und Cocktails am Abend. Hier sitzt man in Vorzugslage unter Palmen und blickt hinaus aufs Meer.

Discofans finden in Lloret de Mar um die Avinguda Just Marlès i Vilarrodona ihr Revier.

Sardana-Denkmal an der Plaça de la Sardana; *Modernisme*-Anbau an der **Hauptkirche** (Plaça de l'Església); westlich von Lloret de Mar **Jardins de Santa Clotilde** (Parkanlage).

Großer **Sonntagsmarkt** in der Innenstadt. Belebte Bummelzonen in der City von Lloret de Mar sind die Carrer de la Vila und die Carrer de Sant Pere.

Bootsausflüge von Lloret de Mar werden u.a. nach Blanes und Tossa de Mar angeboten. Zu den vielen Wassersport-Aktivitäten zählen Jetski, Parasailing und Tretbootfahrten. Echte Wasserratten zieht es im Sommer in den **Waterworld-Wasserpark** mit seinen Riesenrutschen.

Terminal d'Autobusos
Avinguda Vila de Blanes, s/n; nahe Casino
17310 Lloret de Mar

Die Küstenorte bieten eine Vielzahl von Vergnügungsmöglichkeiten

✆ 972 36 57 88
Verbindungen u. a. nach Barcelona, Blanes, Girona, Tossa de Mar.

Feste in Lloret de Mar
Karneval
Patronatsfeierlichkeiten, um den 24. Juli.

Oficina de Turisme
Plaça Catalunya, s/n
17300 Blanes
✆ 972 33 03 48, Fax 972 33 46 86
otblanes@ddgi.es
www.blanes.net

Hotel Boix-Mar
Carrer Enric Morera, 5
17300 Blanes
✆ 972 33 09 28, Fax 972 35 18 98
hboixmar@publintur.es
Drei-Sterne-Hotel, Okt.–Mai geschl. Strategisch günstig in Nähe der Platja S'Abanell gelegen. Mit Pool, Garage. €€

Hotel Horitzó
Passeig Marítim S'Abanell, 11
17300 Blanes
✆ 972 33 04 00, Fax 972 33 78 63
horitzo@gna.es
Zwar direkt an der Platja S'Abanell, doch wegen des vorbeirauschenden Verkehrs zur Meerseite hin ein wenig gedämpfte Balkonfreuden. Drei Sterne, 122 Zimmer, geöffnet April–Sept. Für Suchende: Ganz in der Nähe liegen weitere Hotels. €€

Càmping Solmar
Carrer Colom, 48
17300 Blanes
✆ 972 34 80 34, Fax 972 34 82 83
campingsolmar@campingsolmar.com
Geöffnet April–Okt. Unterkunft auch in Bungalows und *Mobil-Homes.*

Càmping La Masia
Carrer Colom, 44
17300 Blanes
✆ 972 33 10 13, Fax 972 33 31 28
Geöffnet April–Sept.

Càmping Bella Terra
Avinguda de la Vila de Madrid, 35
17300 Blanes
✆ 972 34 80 17
Fax 972 34 82 75
Geöffnet Mai–Sept. In diesem Bereich (Avinguda de la Vila de Madrid) weitere Campingplätze.

El Mirador
Esplanada del Port, s/n
17300 Blanes
✆ 972 35 14 51
In idealer Lage am Hafen mit Blick auf Boote und Strände. Küche: von Pizza und Kalbsteak über Seeteufel bis zum Seehecht in Bierteig. €–€€

Kiku
Carrer Sant Andreu de la Palomera, 2
17300 Blanes
✆ 972 33 27 27
Genau zwischen den beiden Stränden gegenüber dem Felsmassiv gelegen. Überdachte Terrasse, auf der man u. a. Paella, Venus- oder Schwertmuscheln, Garnelen, Seezunge und Entrecote genießt. €–€€

Im Altstadtviertel von Blanes um den Passeig de Dintre liegen einige überwiegend von Einheimischen frequentierte **Bars** und **Cafés**.

Jardí Botànic Mar i Murtra
Passeig Karl Faust, 9
17300 Blanes
April–Sept. tägl. 9–18 Uhr, Okt.–März Mo–Fr 10–17, Sa und So 10–14 Uhr
Auf dem Burghügel gelegener Botanischer Garten, der zu einer Reise durch

die Kontinente einlädt. U. a. Kakteen, exotische Palmen und Wasserpflanzen. Weiter nordöstlich liegt mit dem **Jardí Botànic Pinya de Rosa** ein zweiter Botanischer Garten.

Port
Den Hafen von Blanes teilen sich Fischkutter, Motorboote und kleine Jachten; an Werktagen findet i.d.R. gegen 16/16.30 Uhr eine Fischauktion statt.

Església de Santa Maria
Plaça de l'Església, s/n
17300 Blanes
Im 14. Jh. begonnene und im Spanischen Bürgerkrieg schwer zerstörte Stadtkirche; Fassade und Glockenturm in gotischem Stil, im Innern Fresken von Jaume Busquets.

Castell de Sant Joan
17300 Blanes
Weithin sichtbarer Burgturm auf dem Hügel hoch über dem Hafen. Die ausgeschilderte steile Auffahrt durch Villenviertel endet an einem Mini-Parkplatz. Vom Kastell aus schöne Fernsicht über die Küste.

Església de l'Esperança
Carrer de l'Esperança, s/n
17300 Blanes
Unscheinbares Kirchlein der Seeleute, in dem Bootsmodelle von der Decke hängen.

Bootsausflüge von Blanes u. a. nach Lloret de Mar und Tossa de Mar.

Busstation
Plaça Catalunya, 36
17300 Blanes
✆ 972 35 04 87
Verbindungen u. a. nach Barcelona und Girona.

Feste in Blanes
Großer Feuerwerkwettbewerb, zweite Julihälfte.

8 Kataloniens bunte Metropole

Barcelona

8. Route: Blanes – Malgrat de Mar – Santa Susanna – Pineda de Mar – Calella – Sant Pol de Mar – Canet de Mar – Arenys de Mar – Mataró – Premià de Mar – Barcelona (73 km inklusive kleinerer Strandabstecher)

Vormittag/Nachmittag/Barcelona-Planung

Von Blanes geht es über Malgrat de Mar auf der N-II unaufhaltsam Kataloniens Hauptstadt entgegen. Nach reichlich Costa Brava kann man nach Barcelona durchrauschen und braucht keine Sorge zu haben, etwas zu verpassen. Wen es unterwegs nach Strand und Badevergnügen gelüstet, kann in Santa Susanna, Pineda de Mar oder Canet de Mar eine Pause einlegen (kurze Abzweige von der N-II).

Im Wesentlichen geht es bei dieser Route um **Barcelona**, für das ein einsamer Vor- oder Nachmittag nicht ausreicht. Bei einem kompakten Ein-Tages-

Programm sollte man Folgendes nicht auslassen: Bummel über die Rambla und die Meerespromenade Rambla de Mar mit Maremàgnum-Komplex und Aquarium; Besuch der Sagrada Família; Passeig de Gràcia mit Besuch von Antoni Gaudís Casa Milà (mit Barcelonas skurrilster Dachterrasse); Gotisches Viertel mit Kathedrale und Altstadtgassen wie Carrer de la Portferrissa und Carrer del Pi; Plaça Reial; Picasso-Museum; ggf. noch Gaudís Parc Güell.

Für weitere Besuchstage sind folgende Ziele vorzumerken: Hafenrundfahrt; das in den alten königlichen Werften untergebrachte Museu Marítim; Montjuïc mit Kastell, Olympiastadion, Miró-Museum, Spanischem Dorf und Museu Nacional d'Art de Catalunya; Strandpromenade über der Platja de la Barceloneta und Bummel zum Olympiahafen (Port Olímpic); Gaudís Palau Güell; Museum der Zeitgenössischen Kunst (Museu d'Art Contemporani); Museu d'Història de la Ciutat mit Palau Reial Major und Abstieg zu römischen Ausgrabungsresten; innenstädtische Bummelzonen Avinguda del Portal de l'Àngel und Carrer de Ferran; Palau de la Música Catalana; La-Ribera-Viertel und Parc de la Ciutadella; Trödelmarkt Els Encants; in den Außenbezirken Monestir de Pedralbes mit Kunstsammlung Thyssen-Bornemisza und Tibidabo-Berg.

Alternativen & Extras

Im Hinterland von Blanes, Calella und Arenys de Mar liegen die Burgörtchen **Tordera, Hostalric** und **Arbúcies** (Burg Montsoriu, 12. Jh.). Wahrzeichen im historischen Ortskern von **Breda** ist der romanische Glockenturm. Nordwestlich von Breda kratzt der **Parc Natural del Montseny** mit seinen ca. 1700 m hohen Gipfeln Turó de l'Home, Matagalls und Puig Sesolles an den Wolken. Über Wandermöglichkeiten im rund 30 000 ha großen Naturpark informiert das Hauptparkbüro Fontmartina (Landstraße Sant Celoni–Costa del Montseny–Turó de l'Home, km 10,5, ✆ 938 47 51 02). Die Vegetation ist von Buchen, Aleppokiefern, Kork- und Steineichen geprägt.

Nahe Malgrat de Mar liegt das für seine Tiershows (Delfine, Seehunde, Greifvögel etc.) bekannte **Marineland Catalunya** (Carretera Malgrat-Palafolls).

Südwestlich von Barcelona führen lohnende Abstecher zu den insgesamt 8,5 km langen Sandstränden von **Gavà** und **Castelldefels** sowie ins 40 km entfernte **Sitges,** das sich »Perle des Mittelmeers« nennt. Bekannt ist Sitges für sein pralles Sommerleben mit Stränden und Sporthafen, den mit Pauken und Trompeten gefeierten Karneval, das geschäftige Gassengeflecht und die beiden Museen Maricel (u. a. katalanische Skulpturen aus dem 19. Jh.) und Cau Ferrat, das dem Maler Santiago Rusiñol (1861–1931) als Haus und Atelier diente. Im Hinterland von Sitges liegt der 10 000 ha umfassende **Parc Natural del Garraf** (Wanderwege; Infozentrum in La

Pleta). Ein weiterer Ausflug ab Barcelona führt süd-südwestlich nach Santa Coloma de Cervelló mit der von Antoni Gaudí (1852–1926) entworfenen Kirchenkrypta der **Colònia Güell.**

Voll von Sand und frei von Charme reihen sich die Strandstädtchen bis Barcelona auf. Wie ein Ei dem anderen gleichen sich viele der Liegeareale, in denen man in der Mittelmeersonne brutzelt - und gelegentlich vom Zug- und Autolärm hochgeschreckt wird. Schienen und Straßen rücken der Küste mancherorts bedrohlich nah auf den sandigen Pelz. Nicht ganz so extrem in **Santa Susanna,** das zu den schönsten Strandabschnitten gehört. Auch wenn dahinter nichts kulturell Gewachsenes liegt, nur gigantische Bettenbunker für den schnellen sommerlichen Durchschleuse-Tourismus und eine Sonne-Strand-und-Sonst-nix-Klientel. Und so ziehen **Pineda de Mar, Calella** und **Canet de Mar** vorbei, in denen sich der freie Strandzugang nach Bahnverkehr, Tunnel und Schranken richtet. Natürlich lässt sich auch Gutes finden: die breite Restaurantauswahl in Pineda de Mar zum Beispiel, die Promenaden Calellas und Canets sowie der Sporthafen von **Arenys de Mar.**

Hinter **Mataró** nimmt die Bebauung mehr und mehr zu, Treibhauskulturen rücken ins Bild und schließlich die Wahrzeichen von **Barcelona:** der Meereshügel Montjuïc, das Doppelhochhaus am Olympiahafen, im Rücken der Metropole die Serra de Collserola mit dem Collserola-Turm, in der City die steinernen Hälse der Sühnekirche Sagrada Família. Und damit steckt man mittendrin in Kataloniens 1,5-Millionen-Metropole.

Barcelona

Mi guapa ruft man sie, »meine Schöne«. Mit 2 000 Jahren Geschichte auf dem Buckel hat sie sich gut gehalten und von Gotik bis Jugendstil immer wieder ihr Aussehen auf die Höhe der Zeit gebracht - um an jeder Ecke ein anderes Gesicht aufzusetzen. Barcelona bündelt blühende Kultur- und Parklandschaften, Promenaden und Altstadtplätze, Hügel und Hafen, Haie im

La Rambla, Barcelonas Prachtmeile

Aquarium und die Meisterwerke Antonio Gaudís – eine Stadt, die pulsiert, vibriert, elektrisiert, begeistert. Vor allem auf ihrer Pracht- und Vorzeigemeile **La Rambla,** die auf 1200 Metern durch die Stadt führt und den Vorhang öffnet auf eine Welt der Promenierer und Pantomimen, der Karikaturisten und Handleserinnen, der Blumen- und Vogelhändler. Ein Bummel über die Rambla ist immer ein Ereignis, egal ob tagsüber im Schatten der Bäume oder im abendlichen Laternenschein. Meerwärts endet die Rambla am **Monument a Colom**, dem 60 Meter hohen Kolumbus-Monument, dessen verglastes Aussichtsrund prächtige Rundblicke bietet.

Rund um Kolumbus gibt es weitere Besuchsziele. Bleibt man auf den Spuren alter Entdecker und Seefahrer, setzt man über die Durchgangsstraße hinweg ins **Museu Marítim** über. Das Seeschifffahrtsmuseum verspricht das »große Abenteuer des Meeres«, setzt mit Geräuschen und Böen auf *special effects* – und enttäuscht nicht. Vor allem weil all die Bootsmodelle und die in Originalgröße nachgebildete 236-Mann-Galeere »Juan de Austria« ein authentischer Rahmen in Form von gotischer Monumentalarchitektur umschließt: die riesigen Schiffsbauhallen der Drassanes Reials, der alten königlichen Werften.

Für eine Prise richtigen Seewind kommen die *golondrinas* in Kolumbus' Sichtweite wie gerufen. Diese »Schwalben« tragen einen bei einer **Hafenrundfahrt** ein Stück auf See hinaus und bieten ungewohnte Perspektiven von großen *Pötten* und dem Montjuïc – Barcelonas 213 Meter hoher Hausberg zeigt seine nackte östliche Felsenschulter.

Zurück an Land heißt nicht, das Meer aus dem Blick zu verlieren. Zwischen den Planken der **Rambla de Mar** glitzert es durch, während man geradewegs auf den **Maremàgnum-Komplex** zusteuert, der sich auf einer künstlichen Landzunge zwischen zwei Hafenbecken befindet und Jung und Alt mit Bars, Boutiquen und Restaurants anlockt. Gleich dahinter führt die breite Promenade **Moll d'Espanya** zu Kinos und dem Aquarium, wo man ins Reich der Muränen, Rochen und Aale abtauchen kann und auf Rollbändern durch einen Glastunnel vier Millionen Liter Salzwasser und stattliche Haifische neben und über sich weiß – ein Erlebnis!

Mit dem Leitmotiv Meer vor Augen, kann man Barcelonas Küstenseite während eines langen Spaziergangs erkunden. Zunächst rund um das zweite Sporthafenbecken, vorbei am **Palau de Mar** (vormals Warenlager des Hafens, heute mehrstöckiges Museu d'Història de Catalunya) und mitten durch das einstige Fischerviertel **La Barceloneta** bis zur **Platja de la Barceloneta.** Von einer herrlichen Promenade flankiert, dehnt sich Barcelonas längster und populärster Strand bis zum **Olympiahafen.** 1992 war Barcelona Olympiastadt und hatte sich für die Augen der Welt so

Maremàgnum-Komplex, Barcelona

richtig herausputzt. Davon profitiert sie heute noch, setzt auf Imagepflege und Stil. So wie zu Füßen des Hochhausdoppels aus *Arts*-Hotel und *Mapfre*-Versicherung, wo sich eine gepflegte Ausgehzone etabliert hat. Falls man nicht genau weiß wo, bietet Frank O. Gehrys Monumentalskulptur gute Orientierungshilfe – wo sein »Fisch« auf dem Trockenen liegt, ist meistens was los. Apropos Fisch: Auf Meeresgetier haben sich viele Restaurants rund um den Olympiahafen spezialisiert. Überflüssige Kalorien schwitzt oder schwimmt man sich an den jenseitigen kleineren Stränden Barcelonas vom Leib: der **Platja Nova Icària,** der **Platja de Bogatell,** der **Platja Mar Bella** und der **Platja Nova Mar Bella**.

Kehren wir an die gute alte Rambla zurück, die einst ein Flussbett war und sich als Schnittstelle zwischen die Viertel Raval und Barri Gòtic legt. Auf der Raval-Seite gibt es vor allem drei Besuchsziele: das von Jugendstilgenie Antoni Gaudí für seinen gräflichen Gönner Eusebi Güell ausgestaltete **Palau Güell,**

Die Plaça Reial ist die Königin der barcelonesischen Open-air-Treffs ▷

das **Museu d'Art Contemporani** (Museum für Zeitgenössische Kunst) und die **Kirche Sant Pau del Camp** mit ihrem winzigen romanischen Kreuzgang. Doch es gibt auch einen anderen Teil des Raval: Die Rotlicht- und Drogenszene bewegt sich im Bereich um Carrer d'en Robador und Carrer de Sant Josep Oriol.

Im Barri Gòtic, dem Gotischen Viertel, sieht die Welt gänzlich anders aus. Klar, denn hier konzentrieren sich die traditionellen Zentren geistlicher und weltlicher Macht: Kathedrale, Rathaus, alter Königspalast, aktueller Regierungssitz. Hinzu kommen Fußgängerzonen wie die **Carrer de la Portaferrissa** und die **Avinguda del Portal de l'Àngel** sowie stimmungsvolle Plätze wie die heimelige **Plaça del Pi** mit ihrer gotischen **Kirche Santa Maria del Pi** und die von Arkaden umfasste **Plaça Reial,** die Königin unter den barcelonesischen Open-air-Treffs. Nüchtern wirkt hingegen die **Plaça de Sant Jaume,** an der sich die Väter und Mütter von Stadt und Land gegenüber stehen. Auf der einen Seite das **Rathaus,** auf der anderen der **Palau de la Generalitat de Catalunya** mit dem Sitz der Regierung Kataloniens und einem großen Fassadenrelief, das Schutzpatron Sant Jordi, Georg den Drachentöter, in Aktion zeigt. Ab der Plaça de Sant Jaume führt die **Carrer del Call** ins historische Judenviertel **El Call** hinein, heute ein Labyrinth aus kühlen, geschäftigen Gassen und – sieht man von einer mageren Inschriftentafel ab – ohne Spuren seiner einstigen Bewohner.

Mit ihrem Turmensemble erhebt sich die erst 1913 fertig gestellte **Kathedrale** aus dem Barri Gòtic und erlaubt einen grandiosen Rundumblick von der Dachterrasse. Im Innern verehren die Gläubigen ein Bildnis des Christus von Lepanto und die städtische Schutzpatronin Santa Eulalia, die in der Krypta beigesetzt ist und derentwegen 13 leibhaftige weiße Gänse im **Kreuzgang** um die Wette schnattern – sie erinnern an Eulalias Martyrium im Alter von 13 Jahren. Unerwartetes beherbergt auch das **Museu d'Història de la Ciutat,** in dessen Untergrund sich ein römisches Ausgrabungsfeld eröffnet und obererdig überleitet in den historischen Königspalast **Palau Reial Major** samt Festsaal, gotischer Kapelle und Aussichtsturm.

Was wäre Barcelona ohne Gaudí? Freudlos! Hier die Casa Batlló

Kulturelle Highlights verteilen sich über die beiden anderen altstädtischen Viertel: im Casc Antic der über alle Maßen verschnörkelte **Palau de la Música Catalana** (Katalanischer Musikpalast; 1905–08 unter Jugendstilarchitekt Lluís Domènech i Montaner erbaut), in der Ribera das vorzügliche **Museu Picasso** mit 36 Sälen. Von den Gassen des Ribera-Viertels ist es ein Katzensprung hinein in den **Parc de la Ciutadella.** Die grüne Lunge der Metropole ist mit Teichen und Palmen aufgelockert und war 1888 Schauplatz von Barcelonas erster Weltausstellung; ins Gelände hinein ging es seinerzeit durch den monumentalen **Arc de Trionf.**

Quer durch die Eixample, Barcelonas Neustadtviertel, spannt sich der von Boutiquen und Jugendstilbauten gesäumte **Passeig de Gràcia** – die pure Eleganz

und Extravaganz. Dicht an dicht haben dort die drei großen katalanischen Jugendstilmeister der Nachwelt ihren »Block der Zwietracht« *(Mançana de la Discòrdia)* hinterlassen: Domènech i Montaners mit seiner **Casa Lleó Morera** (n° 35), Puig i Cadafalch mit der **Casa Amatller** (n° 41), Gaudí mit der **Casa Batlló** (n° 43). Hausnummer 92 trägt ebenfalls die unverwechselbare Handschrift Antoni Gaudís. An der Fassade und auf dem Dach seiner **Casa Milà,** die der Volksmund »Steinbruch« *(La Pedrera)* nennt, hat Gaudí seine überquellende Fantasie zu Stein geformt. Alleine die Dachterrasse mit ihren skulpturengleichen Schornsteinen und Belüftungstürmen rechtfertigt den gesamten Barcelona-Besuch. Noch höher hinaus hat es Gaudí mit dem **Temple Expiatori de la Sagrada Família** getrieben, seiner überragenden und zum unvollendeten Wahrzeichen Barcelonas gewordenen Sühnekirche. Gleich einer Predigt in Stein, drehen sich Bildersprache und Symbolik der Sagrada Família um das Geheimnis der Kirche sowie Geburt, Leiden und Verherrlichung Jesu Christi. Baugerüste, surrende Kräne und der ohrenbetäubende Lärm von Presslufthämmern werden – vorsichtigen Schätzungen zufolge – bis ins 22. Jahrhundert das Bild bestimmen. Bis etwa 2015 ist zunächst mit der kompletten Überdachung des Kircheninnern zu rechnen – es fehlen weitere Türme und ein auf 170 Meter Höhe veranschlagtes Kuppelgewölbe. Gaudí ist in seinem eigenen Kunstwerk begraben: recht bescheiden in der Krypta. Eingedenk des stetigen Baulärms und mehr als einer Million Besucher pro Jahr mag man von letzter »Ruhestätte« kaum sprechen.

Zu natürlichen Höhen ist Barcelona mit dem stadtnahen Montjuïc (213 m) und dem rückwärtigen Tibidabo (532 m) gelangt. Zum **Tibidabo** ächzt die **»Blaue Straßenbahn«** *(Tramvia Blau)*, ehe man auf die Zahnradbahn umsattelt, um zu den Aussichtsplateaus und der reich dekorierten **Basilica-Parròquia del Sagrat Cor de Jesús** zu gelangen. Auf dem Weg zurück Richtung Stadt begibt man sich einmal mehr auf die Spuren Gaudís, der für Eusebi Güell mit dem **Parc Güell** eine seinerzeit weit außerhalb der City gelegene Gartenstadt nach englischem Vorbild konzipierte – ein

wirtschaftlicher Fehlschlag. Gebaut wurden drei von 60 geplanten Häusern, in einem lebte Gaudí zwischen 1906 und seinem Tod 1926 selbst; Aufsehen erregender sind die Markthalle (»Saal der hundert Säulen«) und die mit bunten Kacheln überzogene »Schlangenbank« an der Plaça de la Naturlesa.

Erhebende Gefühle verspricht der **Montjuïc,** mit weitläufigem **Kastell** und **Olympiastadion** sowie Parkanlagen, kuriosen Freiluftrolltreppen und dem »Telefonturm« **Torre Telefónica.** Kulturelle Höhenflüge garantieren das vorzügliche Joan-Miró-Museum und der für die Weltausstellung 1929 erbaute Palau Nacional, der heute das **Museu Nacional d'Art de Catalunya** beherbergt. Zum Weltausstellungserbe zählen ferner das lauschige »Spanische Dorf«, **Poble Espanyol,** und die venezianischen Doppeltürme an der **Plaça d'Espanya.** Womit man in Barcelonas geographische Niederungen zurückgekehrt ist und am Abend ein Auge auf den »Magischen Brunnen« **Font Màgica** werfen kann, der im bunten Lichterglanz erstrahlt.

Mosaikstein-»Schlangenbank« im Parc Güell

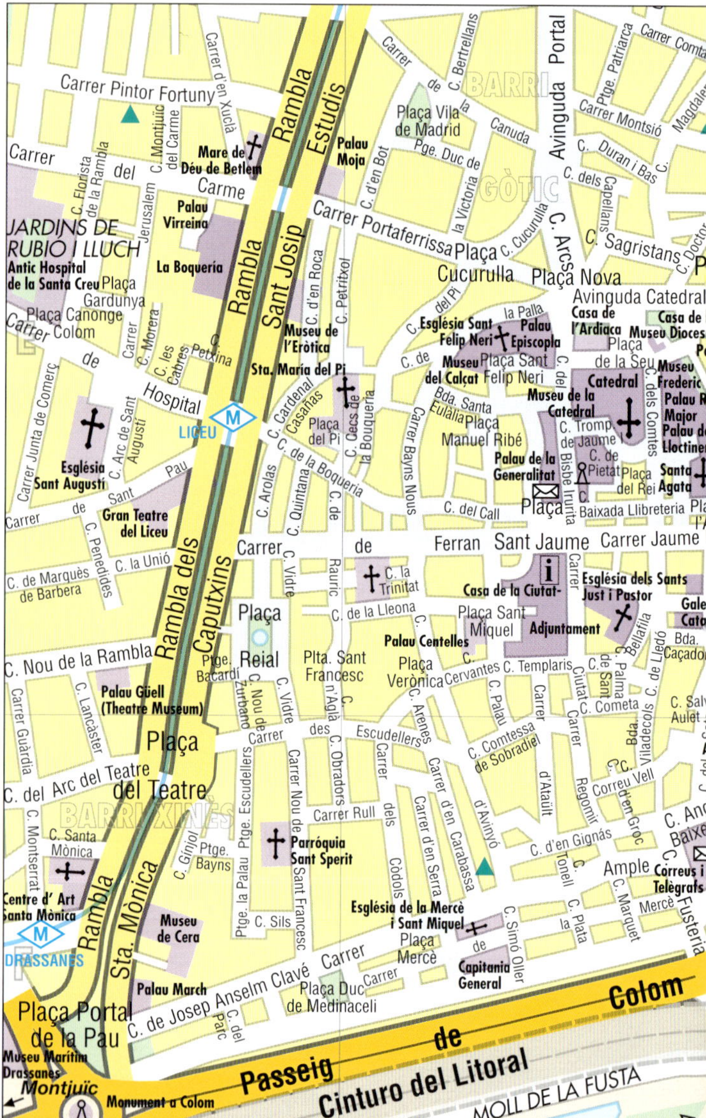
Carrer Pintor Fortuny
Carrer d'en Xuclà
Rambla
Estudis
Mare de Déu de Betlem
Palau Moja
Carrer de la Canuda
C. Bertrellans
BARRI GÒTIC
Avinguda Portal
Plaça Vila de Madrid
Pge. Duc de la Victoria
C. d'en Bot
Carrer Comtal
Ptge. Patriarca
Carrer Montsió
C. Duran i Bas
C. dels Capellans
Magdalenes
Carrer del Carme
C. Montjuïc del Carme
C. Floristа de la Rambla
Jerusalem
Palau Virreina
JARDINS DE RUBIÓ I LLUCH
La Boquería
Rambla Sant Josep
Carrer Portaferrissa
Plaça Cucurulla
C. Cucurulla
C. Arcs
C. Sagristans
C. Doctor
Plaça Nova
Avinguda Catedral
Antic Hospital de la Santa Creu
Plaça Gardunya
Plaça Canonge Colom
Carrer de Hospital
C. Morera
Carrer les Cabres
C. Petxina
C. d'en Roca
C. Petritxol
Museu de l'Eròtica
Sta. María del Pi
C. del Pi
Església Sant Felip Neri
Palau Episcopla
Casa de l'Ardiaca
Casa de
Museu Dioces
Plaça de la Seu
C. de la Palla
Museu del Calçat
Plaça Sant Felip Neri
Bda. Santa Eulàlia
Catedral
Museu Frederic Marès
Palau Reial Major
Palau del Lloctinent
C. dels Comtes
Museu de la Catedral
C. Tromp
Carrer Junta de Comerç
Església Sant Agustí
C. Arc de Sant Agustí
LICEU
C. Cardenal Casañas
Plaça del Pi
C. Cecs de la Boqueria
C. de la Boqueria
Carrer Bayns Nous
Plaça Manuel Ribé
de Jaume I
C. de Pietat
Palau de la Generalitat
Plaça del Rei
Santa Agata
C. del Call
Plaça Sant Jaume
C. Bisbe Irurita
Baixada Llibreteria
Carrer de Sant Pau
Gran Teatre del Liceu
C. Penedides
C. la Unió
C. de Marquès de Barbera
Rambla dels Caputxins
C. Arolas
C. Quintana
C. de Raurich
Carrer de Ferran
Carrer Jaume
C. Vidre
C. la Trinitat
Casa de la Ciutat-Adjuntament
Església dels Sants Just i Pastor
Plaça Reial
C. de la Lleona
Plaça Sant Miquel
Palau Centelles
C. Bellafila
C. de Lledó
Bda. Caçador
C. Nou de la Rambla
Ptge. Bacardí
C. Zurbano
C. Nou de Zurbano
Plta. Sant Francesc
C. n'Aglà
Plaça Verònica
C. Cervantes
C. Templaris
C. Ciutat
C. de Sant
C. Palma
Palau Güell (Theatre Museum)
Carrer Guàrdia
C. Lancàster
Plaça del Teatre
Carrer des Escudellers
C. Obradors
C. Arenes
C. Palau
C. Comtessa de Sobradiel
C. Cometa
Carrer Regomir
Bda. Viladecols
C. Salv Aulet
C. del Arc del Teatre
BARRI XINÈS
Ptge. Escudellers
Carrer Nou de Sant Francesc
Carrer Rull
Carrer dels Còdols
Carrer d'en Serra
Carrer d'en Carabassa
Carrer d'Avinyó
Carrer d'Ataülf
C. Correu Vell
C. d'en Groc
C. Ample
C. Ancha Baixe
C. Montserrat
C. Santa Mònica
Centre d'Art Santa Mònica
Rambla Sta. Mònica
C. Ginjol
Ptge. Bayns
Ptge. la Palau
Parròquia Sant Sperit
C. d'en Gignás
C. Tonell
Correus i Telègrafs
Merce
Fusteria
C. Marquet
C. Plata
C. Simó Oller
DRASSANES
Museu de Cera
C. Sils
Església de la Mercè i Sant Miquel
Plaça Mercè
Capitania General
Palau March
C. de Josep Anselm Clavé
Plaça Duc de Medinaceli
Plaça Portal de la Pau
C. del Parc
Passeig de Colom
Cinturo del Litoral
MOLL DE LA FUSTA
Museu Marítim Drassanes
Montjuïc
Monument a Colom

BARCELONA CENTRO

Oficina de Turisme
Plaça de l'Àncora, s/n
08380 Malgrat de Mar
✆ 937 65 38 89

Oficina de Turisme
Carrer Sant Jaume, 231
08370 Calella
✆ 937 69 05 59, Fax 937 69 59 82
ptcalella@publintur.es

Oficina de Turisme
Plaça de la Vila, 1
08395 Sant Pol de Mar
✆ 937 60 04 51, Fax 937 60 13 52
ofturisme@santpol.org

Oficina de Turisme
Carretera Nacional II, s/n
08360 Canet de Mar
✆ 937 94 08 98

Oficina de Turisme
Riera Pare Fita, 31 (Edifici Calisay)
08350 Arenys de Mar
✆ 937 95 77 50, Fax 937 95 70 31
sij@arenysdemar.org

Turisme de Barcelona
Plaça de Catalunya 17-S und
Plaça de Sant Jaume, 1
08002 Barcelona
✆ 906 30 12 82
www.barcelonaturisme.com

Centre d'Informació Turística de Catalunya
Passeig de Gràcia, 107 (Palau Robert)
08008 Barcelona
✆ 932 38 40 00, Fax 932 38 40 10
www.gencat.es/probert

Hotel Arts
Carrer de la Marina, 19–21
08005 Barcelona
✆ 932 21 10 00, Fax 932 21 10 70
www.ritzcarlton.com
Luxushotel nahe dem Olympiahafen

Plaça de Catalunya, Barcelona

und als 483-Zimmer-Hochhaus schon aus weiter Ferne erkennbar. In einer beliebten Ausgehzone gelegen mit Bars, Restaurants und Casino. Zur Ausstattung des Hotels zählen Fitnesscenter, Sauna, Solarium, Pool und zwei Restaurants. Fünf Sterne. €€€

Hotel Meliá Confort Apolo
Avinguda del Paral·lel, 57–59
08004 Barcelona
✆ 934 43 11 22, Fax 934 43 00 59
Ordentliche Vier-Sterne-Qualität, 324 Zimmer, an manchen Wochenenden preisgünstige Übernachtungspakete. In der Nähe einige Bars, Restaurants und Theater. €€€

Hotel Gaudí
Carrer Nou de la Rambla, 12
08001 Barcelona
✆ 933 17 90 32, Fax 934 12 26 36
Zentrales, freundliches Drei-Sterne-Haus, nahe der Rambla und genau gegenüber dem Palau Güell gelegen. Autofahrer steuern das hoteleigene Parkhaus an. €€€

Hotel Jardí
Plaça Sant Josep Oriol, 1
08002 Barcelona
✆ 933 01 59 00, Fax 933 18 36 64
Angenehme Mittelklasse mitten im Gotischen Viertel, nicht allzu große Zimmer. 40 Zimmer, zwei Sterne, jüngst umfangreich renoviert. €€

Hostal Residencia Windsor
Rambla de Catalunya, 84
08008 Barcelona
✆ 932 15 11 98
Zentral, gehobenes Pensionsniveau, sehr beliebt. €€

Hostal Maldà
Carrer del Pi, 5, 1°
08002 Barcelona
✆ 933 17 30 02
Der Aufgang liegt ein wenig versteckt mitten im Gotischen Viertel. Sehr einfach und äußerst preisgünstig, 24 Zimmer. €

Albergue Residencia La Ciutat
Carrer l'Alegre de Dalt, 66
08024 Barcelona
✆ 932 13 03 00, Fax 932 19 36 95
Jugendherbergsstil (aber ohne Ausweis), Mehrbettzimmer sind je nach Saison für Einzelreisende oder zu zweit nutzbar. Frühstück inklusive. Man kann selber kochen oder auch Halb- oder Vollpension buchen. €

Alberg Mare de Déu de Montserrat
Passeig de la Mare de Déu del Coll, 41–51
08023 Barcelona
✆ 932 10 51 51
Jugendherberge mit 223 Betten. €

Botafumeiro
Carrer Gran de Gràcia, 81
08012 Barcelona
✆ 932 18 42 30
Gourmettempel mit den besten Meeresfrüchten Barcelonas. €€€

Con Ramonet
Carrer de la Maquinista, 17
08003 Barcelona
✆ 933 19 30 64
Im Barceloneta-Viertel gelegene Taverne, die seit 1763 ihre Spezialitäten auftischt. Dazu zählen Schweinswurst mit weißen Bohnen, aber auch edlere Fisch- und Meeresfrüchtegerichte wie Krabben mit Knoblauch, Garnelen und Kaisergranat vom Rost. Das für zwei Personen im Kessel zubereitete Hummerragout fällt aus dem preislichen Rahmen. €€

Citrus
Passeig de Gràcia, 44
08007 Barcelona

✆ 934 87 23 45
Unter den Einheimischen vom Beliebtheitsgrad her ein Spitzenhaus, mitunter mit Wartezeiten verbunden. Auf der Speisekarte stehen u. a. Lamm, Roastbeef und Seeteufel. Wem die Warterei zu lang wird, kehrt gleich nebenan in die Bar Tapa-Tapa ein, wo verführerisch präsentierte Häppchen den Hunger stillen. €–€€

Marina Moncho's
Carrer de la Marina, 19
08005 Barcelona
✆ 932 21 15 14
Sehr angenehmes Ambiente in der Nähe des Olympiahafens und der überdimensionalen Fischskulptur. Auf Paellas spezialisiert. €–€€

Megataverna L'Ovella del Poble Nou
Carrer de Zamora, 78
08018 Barcelona
✆ 933 09 59 38
Man will's kaum glauben: stimmungsvolle Bahnhofsatmosphäre und wirklich megagroß – früher diente die Halle als Gießerei. Sehr preisgünstige Mittagsmenüs. €

Cantonada
Carrer de la Montcada, 1
08003 Barcelona
✆ 932 68 18 46
Nahe Picasso-Museum, klein und einfach, mit sehr preiswerten Mittagsmenüs. Nett dekorierter Innenraum. €

Große Auswahl an **Cafés/Bars** in Barcelona z. B. im Maremàgnum-Komplex und im Ribera-Viertel. Zwei besonders schöne Plätzchen in der Ribera sind das grottenartige Va de vi (Carrer dels Banys Vells, 16) und das urige Museumscafé des Textilmuseums (Tèxtil Cafè, Carrer de Montcada, 12). Stimmungsvoll geht es in der Altstadt rund um die Plaça Reial und die Plaça Santa Maria del Pi zu.

Aquarium
Moll d'Espanya, s/n
08039 Barcelona
Juni und Sept. tägl. 9.30–21.30 Uhr, Juli und Aug. tägl. 9.30–23 Uhr, Okt.–Mai Mo–Fr 9.30–21, Sa und So 9.30–21.30 Uhr; bis eine Stunde vor Schließzeit ist Einlass
Über 20 Becken. Höhepunkt ist der 80 m lange »Wassertunnel«: von Angesicht zu Angesicht mit Haien und Rochen.

Casa Milà
Passeig de Gràcia, 92
08008 Barcelona
Tägl. 10–20 Uhr, im Sommer auch Nachtbesuche
Ein architektonisches Meisterstück Antoni Gaudís; Höhepunkt ist die Dachterrasse.

Kathedrale
Pla de la Seu, s/n
08002 Barcelona
9–13.30 und 16–19 Uhr; Aufzug zur Dachterrasse i. d. R. Mo–Fr 10.30–12.30 und 16.30–18 Uhr, Sa 10.30–12.30 Uhr
Von der Dachterrasse ist der Aufstieg in den Hauptturm möglich.

Monestir de Pedralbes
Baixada del Monestir, 9
08034 Barcelona
Di–So 10–14 Uhr
Kloster mit schönem Kreuzgang und der Kunstsammlung Thyssen-Bornemisza, die u. a. Werke von Tizian, Velázquez und Rubens zeigt.

Monument a Colom
Plaça Portal de la Pau, s/n
08001 Barcelona
Mo–Fr 10–13.30 und 15.30–18.30, Sa und So 10–18.30 Uhr

Mit dem kleinen Aufzug geht es hinauf ins 60 m hohe Kolumbus-Monument; lohnende Ausblicke.

Palau de la Música Catalana
Carrer de Sant Francesc de Paula, 2
08003 Barcelona
Tägl. Führungen zwischen 10 und 15.30 Uhr (Kartenkauf ist bis zu einer Woche vorher möglich)
Der Musikpalast ist Weltkulturerbe der Menschheit, trägt reichen Fassadenschmuck im Jugendstil und ist im Innern von einer Buntglaskuppel überspannt. Auf keinen Fall versäumen!

Palau Güell
Carrer Nou de la Rambla, 3–5
08001 Barcelona
Mo–Sa 10–14 und 16–20 Uhr; die obligatorischen Führungen dauern etwa 30 Min.
Zum Weltkulturerbe zählendes Palais voll dekorativer Schmankerl und dem Aufstieg auf die Dachterrasse mit ihren kuriosen »Schornsteinskulpturen« und herrlicher Aussicht.

Temple Expiatori de la Sagrada Família
Carrer de Mallorca/Carrer de Sardenya
08025 Barcelona
April–Aug. tägl. 9–20, März, Sept. und Okt. 9–19, Jan., Feb., Nov., Dez. 9–18 Uhr
Gaudís monumentale und bis heute unvollendete Sühnekirche; dem Komplex ist ein **Museum** eingegliedert, das die Baugeschichte der Sagrada Família und andere Werke Gaudís dokumentiert.

Die **Krypta** (mit dem Grab Gaudís) betritt man ab der Carrer de Provença 450 (werktags 9–10 und 19–21, Sa 9–10 und 18.30–20.30, So 8.30–14 und 18–21 Uhr).

Casa-Museu Gaudí
Carretera del Carmel, s/n
08024 Barcelona
Mai–Sept. tägl. 10–20 Uhr, März, April, Okt. 10–19, Nov.–Feb. 10–18 Uhr
Im Parc Güell gelegenes Wohnhaus, in dem Jugendstilarchitekt Antoni Gaudí 1906–26 lebte.

Fundació Antoni Tàpies
Carrer d'Aragó, 255
08007 Barcelona
Di–So 10–20 Uhr
Werkschau des 1923 in Barcelona geborenen Künstlers Antoni Tàpies, der für seine gegenstandslosen und großformatigen Materialbilder bekannt ist; wechselnde Exponate.

Fundació Joan Miró
Avinguda Miramar, 71–75

Jahrhundertprojekt Sagrada Família

08038 Barcelona
Juli–Sept. Di–Sa 10–20 (Do bis 21.30), So 10–14.30 Uhr, Okt.–Juni Di–Sa 10–19 (Do bis 21.30), So 10–14.30 Uhr
Hervorragend aufbereitete Werkschau des Künstlers Joan Miró (1893–1983); gelegen auf dem Montjuïc.

Galeria Olímpica
Passeig Olímpic, s/n
08038 Barcelona
April–Sept. Di–Sa 10–14 und 16–20, So 10–14 Uhr, Okt.–März Di–Sa 10–13 und 16–18, So 10–14 Uhr
Erinnerungen an die Sommerolympiade 1992; am Olympiastadion.

Museu Barbier-Mueller d'Art Precolombí
Carrer de la Montcada, 12–14
08003 Barcelona
Di–Sa 10–20, So 10–15 Uhr
Präkolumbische Kunst, Exponate u. a. aus der Zeit der Maya und Azteken; nicht allzu großes Museum. Direkt nebenan liegt das Museu Tèxtil i d'Indumentària (siehe S. 124).

Museu d'Art Contemporani de Barcelona
Plaça dels Àngels, 1
08002 Barcelona
Mo–Fr 11–19.30, Sa 10–20, So 10–15 Uhr
Museum der zeitgenössischen Kunst, Wechselausstellungen; das Gebäude ist ein Werk des nordamerikanischen Architekten Richard Meier.

Museu d'Art Modern
Plaça des Armes, s/n
08003 Barcelona
Di–Sa 10–19, So 10–14.30 Uhr
Vornehmlich regional bedeutsame katalanische Meister aus dem 19. und 20. Jh., doch auch Werke von Auguste Rodin, Antoni Gaudí und Salvador Dalí sind in der Sammlung vertreten. Gut kombinierbar mit einem Bummel durch den **Parc de la Ciutadella.**

Museu de Cera
Passatge de la Blanca, s/n
08002 Barcelona
Mo–Fr 10–13.30 sowie 16–19.30, Sa und So 10–13.30 und 16.30–20 Uhr; im Sommer durchgehend 10–20 Uhr
Wachsfigurenkabinett samt »Grusel- und Horrorabteilung«; nahe Rambla.

Museu de Ceràmica
Avinguda Diagonal, 686
08034 Barcelona
Di–Sa 10–18, So 10–15 Uhr
Keramikmuseum im Pedralbes-Palast; im selben Komplex Museu de les Artes Decoratives.

Museu de la Ciència
Carrer Teodor Roviralta, 55
08022 Barcelona
Tägl. 10–20 Uhr
Wissenschaftsmuseum, Streichelzoo für Kinder (Reptilien zum Anfassen!).

Museu de la Música
Avinguda Diagonal, 373
08008 Barcelona
Di–So 10–14 (Mi bis 20) Uhr
Musikinstrumente-Museum.

Museu de l'Eròtica
La Rambla, 96 bis
08002 Barcelona
Tägl. 10–24 Uhr
Erotikmuseum, kulturgeschichtlich aufbereitet und mit dem erwarteten Hauch Schlüpfrigkeit.

Museu de les Artes Decoratives
Avinguda Diagonal, 686
08034 Barcelona
Di–Sa 10–18, So 10–15 Uhr
Vom gotischen Kästchen über Art-déco-Möbel bis zu den originellen Ideen moderner spanischer Designer.

Museu del Futbol Club Barcelona
Carrer d'Arístides Maillol, s/n
08028 Barcelona
Mo–Sa 10–18.30, So 10–14 Uhr
Kultstätte für alle, denen der Fußballclub F. C. Barcelona am Herzen liegt. Man bekommt einen Einblick ins rund 100 000 Fans fassende Stadion Nou Camp.

Museu del Perfum
Passeig de Gràcia, 39
08007 Barcelona
Mo–Fr 10.30–13.30 sowie 16.30–20, Sa 10.30–13.30 Uhr
Parfümmuseum; Eingang durch eine Großparfümerie.

Museu d'Història de Catalunya
Plaça de Pau Vila, 3
08039 Barcelona
Di–Do 10–19, Fr und Sa 10–20, So 10–14.30 Uhr
Alles zur Geschichte Kataloniens, sehr umfassend.

Museu d'Història de la Ciutat
Plaça del Rei, s/n
08002 Barcelona
Juni–Sept. Di–Sa 10–20, So 10–14 Uhr, Okt.–Mai Di–Sa 10–14 und 16–20, So 10–14 Uhr
Einer der Höhepunkte in Barcelona: Mit dem Aufzug geht es zu einem großen Ruinenareal aus der Römerzeit. Man kann in den Turm des alten Königspalastes aufsteigen und die prächtige Aussicht genießen.

Museu Diocesà
Pla de la Seu, s/n
08002 Barcelona
Di–Sa 10–14 und 17–20, So 11–14 Uhr
Diözesanmuseum nahe der Kathedrale; Marienskulpturen aus dem Mittelalter; außerdem gibt es auch Wechselausstellungen.

Museu Frederic Marès
Plaça de Sant Iu, 5
08022 Barcelona
Di und Do 10–17, Mi, Fr und Sa 10–19, So 10–14 Uhr
Unglaubliches Sammelsurium, zusammengetragen vom Bildhauer und Sammler Frederic Marès (1893–1991). Über mehrere Ebenen verteilen sich u. a. romanisch-gotische Marien- und Christusbildnisse, Uhren, Kameras, Marionetten, Brillen, Spazierstöcke, Puppen, Hochräder etc.

Museu Marítim
Avinguda de les Drassanes, s/n
08001 Barcelona
Tägl. 10–19 Uhr
In den alten königlichen Werften untergebrachtes Museum, in dem sich alles rund um die Seefahrt dreht. Alleine wegen der Architektur und der nachgebauten Galeere »Juan de Austria« ein Highlight.

Museu Militar
Castell de Montjuïc
08004 Barcelona
Di–So 9.30–19.30 Uhr
Militärmuseum im historischen **Montjuïc-Kastell**; unglaublich lange Gänge, Waffen aus verschiedenen Epochen und Ländern; von der Plattform lohnende Fernsicht über ganz Barcelona.

Museu Nacional d'Art de Catalunya
Mirador del Palau Nacional, s/n
08004 Barcelona
Di–Sa 10–19 (Do bis 21) Uhr, So 10–14.30 Uhr
Den Rahmen für Kataloniens Kunstmuseum (Schwerpunkte: Romanik, Gotik, Wandmalereien aus verschiedenen katalanischen Landkirchen) bildet der Palau Nacional, der Spaniens Pavillon bei der Weltausstellung im Jahr 1929 war.

Trödelmarkt »Els Encants«

Museu Picasso
Carrer de la Montcada, 15–19
08003 Barcelona
Di–Sa 10–20, So 10–15 Uhr
Einzigartiges Picasso-Museum, in dem sich der Bogen der Werkschau von ersten künstlerischen Schritten im Knabenalter bis zu anatomisch eindeutigen Drucken aus den Jahren 1970–72 spannt. Man sollte sich Zeit nehmen und sich wappnen: Picasso in 36 Sälen!

Museu Tèxtil i d'Indumentària
Carrer de la Montcada, 12
08003 Barcelona
Di–Sa 10–20, So 10–15 Uhr
Textil- und Trachtenmuseum.

Museu Zoològic
Parc de la Ciutadella
08003 Barcelona
Di–So 10–14 (Do bis 18.30) Uhr
Zoologisches Museum, ausgestopftes Getier.

Trödelmarkt Els Encants
Zwischen der Plaça de les Glòries Catalanes und der Carrer del Consell de Cent
08013 Barcelona
Mo, Mi, Fr und Sa ab 8 Uhr
Dieser riesige Trödelmarkt ist ein Erlebnis. Antiquitäten, Kleidung und Bücher wechseln ebenso ihre Besitzer wie alte Münzen, Stierkampfplakate und Gitarren. Der Markt umfasst ein 13 000 m^2 großes Areal mit 430 registrierten Händlern.

Flughafen
Zwölf Kilometer südwestlich der Stadt bei El Prat de Llobregat
✆ 932 98 38 38
Internationale Verbindungen u. a. ab/bis Berlin, Düsseldorf, Frankfurt am Main, Genf, Köln, München, Wien und Zürich. Zum Transport in bzw. aus der Stadt bieten sich außer Taxis auch Flughafenbusse (ab/bis Plaça de Catalunya),

Informationen: Barcelona

Linienbusse (ab/bis Plaça de Espanya) und der Nahverkehrszug zur Estació de Sants an.

Estació de Sants
Plaça Països Catalans, s/n
08014 Barcelona
Züge ab/bis Girona, Figueres, Portbou.
Estació de França
Avinguda Marquès de l'Argenterá, s/n
08003 Barcelona
Verbindungen u. a. nach Genf, Paris und Zürich.

Metro/Busse
Internationale Busse ab/bis Carrer de Viriat (an der Estació de Sants)
Unter der Erde bewegt man sich in Barcelona in einem mehr als 80 km umfassenden Metronetz schnell und sicher fort. Verkehrszeiten: Mo–Do 5–23, Fr und Sa 5–2, So 6–24 Uhr, an Feiertagen 6–23 Uhr. Bei längeren Aufenthalten besorgt man sich am besten Mehrfachfahrscheine wie die Zehnerkarte *(Targeta T-1;* gültig auch für Stadtbusse und Stadtbahnen) sowie die Ein-, Drei- oder Fünftageskarte (gültig für Metro und Stadtbusse).

Nichts mit herkömmlichen Stadtbussen zu tun hat die Linie **Bus Turístic**, die auf ihren beiden Ringrouten mehr als zwei Dutzend Sehenswürdigkeiten anfährt; Tickets für ein oder zwei Tage.

Feste in Barcelona
Dreikönigsumzug, Vorabend des 6. Jan.
Karneval
Sant-Jordi-Tag mit Buch- und Blumenständen auf der Rambla, 23. April
Bootsprozession zu Ehren der heiligen Jungfrau, 16. Juli
Fest im Stadtteil Gràcia, Mitte Aug.
Stadtfest *La Mercè*, um den 24. Sept.
Internationales Jazzfestival, Okt./ Nov.
Luciafest mit Weihnachtsmarkt, um den 13. Dez.

Der Nationaltanz der Katalanen: die Sardana

9 Kloster, Kunst und eine Trutzburg

Über Montserrat nach Cardona

9. Route: Barcelona – Martorell – Kloster und Naturpark Montserrat – Manresa – Súria – Cardona (119 km)

Vormittag

Der erste Teil des Tages steht ganz im Zeichen des **Klosters von Montserrat** (samt Besuch der Kirche, des Museums und ggf. der »Heiligen Höhle«); Fahrt ab Barcelona auf der N-II Richtung Lleida, bis man Martorell links liegen lässt, auf die C-1411 (ausgeschildert: Manresa) abzweigt und 53 km nordwestlich von Barcelona den Ort Monistrol de Montserrat erreicht, dort ausgewiesener 10-km-Abzweig hinauf zum Bergkloster. Mittagsrast in Montserrat (Restaurants, Bar, Picknickbereich).

Nachmittag

Rückkehr nach Monistrol de Montserrat, auf die C-1411 und 15 km weiter nach **Manresa** (Basilika, »Loyola-Höhle«). Ab Manresa 31 km auf der C-1410/C-55 bis **Cardona** (Burg mit Kirche Sant Vicenç, Altstadt, »Salzberg«).

Alternativen & Extras

Südwestlich von Martorell sprudeln Spaniens ergiebigste Sektquellen. Der Landstrich Alt Penedès – mit seinen Zentren Vilafranca del Penedès und Sant Sadurní d'Anoia – vereint rund 300 Erzeuger von Wein und Schaumwein *(cava)*. Im Weinmuseum von **Vilafranca del Penedès** dreht sich naturgemäß alles um den edlen Rebensaft, in und um **Sant Sadurní d'Anoia** haben sich bekannte Cava-Kellereien wie Freixenet (Mo–Do 9–12 und 15–17, Fr 9–12 Uhr, ✆ 938 91 70 00) und Codorníu (Mo–Fr 9–17, Sa und So 9–13 Uhr, ✆ 938 18 32 32) auf Besucher eingestellt. Das für die Gegend maßgebliche Fremdenverkehrsbüro liegt in Vilafranca del Penedès (Carrer Cort, 14, ✆ 938 92 03 58).

Nordöstlich von Manresa erreicht man das **Monestir de Sant Benet de Bages** (9 km; kleines Kloster mit Ursprung im 10. Jh.) und das 30 000-Einwohner-Städtchen **Vic** (48 km; Kathedrale, Bischöfliches Museum). Weiter nördlich von Manresa kann man über **Berga, Bagà** und den gebührenpflichtigen **Túnel del Cadí** an die Route 11 (La Seu d'Urgell–Olot) anbinden.

Durch das Tal des Riu Llobregat geht es aufwärts ins Hügelinland und zu Kataloniens »Zauberberg« hoch hinter der gesichtslosen Industriestadt **Martorell.** Verwundert reibt man sich die Augen. In gespenstischer Gestalt aus zerklüfteten Flanken und überdimensionalen Zähnen aus Stein wirft sich die **Mun-**

tanya de Montserrat aus der Ebene auf, ein isoliertes Massiv und hundertfach zerschnittenes Meer aus Felsen. Auf 720 Meter Höhe, mitten in der bizarren Gebirgsmasse, liegt das **Kloster von Montserrat** mit seiner seit knapp 1000 Jahren dokumentierten und heute rund 80 Mönche starken Benediktinergemeinschaft. Für die Gläubigen gibt es zunächst nur ein Ziel: die umfassend renovierte Klosterkirche mit einem romanischen Bildnis der »Schwarzen Madonna«. Im Volksmund heißt sie »die kleine Dunkle« *(la moreneta)*; ihre und die Farbe des Kindes geht auf Kerzenruß oder geschwärztes Silber zurück, das die Skulptur einst überzogen haben könnte. Heute thront sie hinter Schutzglas. Der legendenumrankte Ursprung der ge-

Spektakuläres Bauwerk im Felsmassiv: das Kloster von Montserrat

krönten Jungfrau weist ins frühe Mittelalter und den wundersamen Fund eines Einsiedlers.

Da Spanier passionierte Pilger und die Madonna Schutzpatronin Kataloniens ist, kommt es mitunter zu Massenandrang. In einem tunnelartigen Gang wird man zum Allerheiligsten geführt und - später - an Aufbauten für Kerzenopfer vorbeigeschleust, die gut und gerne Zimmergröße erreichen. Wie überhaupt der Kommerz auf dem Klosterplateau blüht: gebührenpflichtiger Großparkplatz, Stationen von Seil- und Zahnradbahn, Restaurants und Hotels, Buch- und Andenkenläden, sogar Metzgerei und Konditorei. Kunstfreunde ergehen sich im hervorragend ausgestatteten **Museu de Montserrat,** das u. a. einen Sarkophag aus

dem alten Ägypten, liturgische Gegenstände und eine wertvolle Gemäldesammlung mit Werken von El Greco, Salvador Dalí und Pablo Picasso zeigt.

Das aus Kalkgestein bestehende Montserrat-Massiv strebt bis zu 1236 Meter himmelwärts, ist als Naturpark ausgewiesen und von einer ganzen Reihe von Wegen durchzogen. Charakteristisch für die Vegetation sind Steineichen, Kiefern, Buchsbäume, Erika, Wacholder, Thymian und Rosmarin.

Weniger erbaulich zeigt sich das Umfeld im nächsten Etappenort **Manresa.** Die 64 000-Einwohner-Stadt, in der die Arbeiterschaft 1855 massiv ihre Rechte einforderte, zählt zu den industriellen Hochburgen der Region – was einige reich gemacht, das Gesamtbild jedoch nicht verschönert hat. Aus der Tristesse mit Gleisgewirr und einigen verrotteten Fassaden heben sich zwei Sakralbauten angenehm ab: die monumentale gotische Basilika Santa Maria de la Seu und – dort, wo der heilige Ignatius von Loyola in der »Heiligen Grotte« seine »Geistlichen Übungen« verfasste – die Església Santa Cova.

Hügel-, Kiefern- und Flusspanorama versüßt Ihnen die Fahrt bis **Cardona,** die sich »Salzstadt« *(ciutat de la sal)* nennt, in einem Gebiet aus Kalisalzbergwerken liegt und sich mit ihrem weithin sichtbaren Burgplateau ankündigt. Das mittelalterliche Kastell, heute mit Luxus-Parador, erlaubt eine fantastische Fernsicht von bis zu 40 Kilometern und war 1965/66 Schauplatz der Dreharbeiten zu Orson Welles' Film »Falstaff«. In die Trutzburg eingegliedert ist die von einem Tonnengewölbe überspannte Església de Sant Vicenç, ein im Jahr 1040 geweihtes Musterbeispiel der katalanischen Romanik. Gegen die stolze Festung fällt Cardonas kleine Altstadt nicht nur geographisch ab. Beliebter Treffpunkt der Dörfler ist die mit Grünflächen und einem Aussichtsvorsprung aufgelockerte Plaça de la Fira.

Schon in römischer Zeit wurde in der Gegend um Cardona Salz gewonnen, eine Tradition, die sich bis in die 1990er Jahre fortgesetzt hat und bei der man in bis zu 1000 Meter Tiefe gelangte. Bei geführten Touren durch den »Salzberg« *(Muntanya de la Sal)* stößt man in die Unterwelt vor.

Von Gaudí gestaltete Klosterkapelle in Montserrat

Oficina de Turisme
Kloster-Vorplatz
08199 Montserrat
✆ 938 35 02 51
Fax 938 35 06 59
Informationen zu Wanderungen und Fahrten in der Zahnradbahn zur »Heiligen Höhle«. Ebenso zu Unterkunft in den Hotels Cisneros (drei Sterne) und Monestir (ein Stern), auf dem nahen Campingplatz und in den Ferienappartements.

Im Regelfall gelten in Montserrat folgende Öffnungszeiten: **Basilika** Mo–Fr 7.15–19.30, an Wochenenden 7.15–20.30 Uhr; **Heiligennische** *(Camarín de la Virgen)* tägl. 8.30–10.30, 12–13 sowie 13.30–18.15 Uhr. Zum klösterlichen Leben gehört seit dem späten Mittelalter eine **Sängerknabenschule** *(Escolania),* die sich tägl. um 13 und 18.45 Uhr zu Gehör bringt.

Museu de Montserrat
Plaça Montserrat, s/n
08199 Montserrat
Mo–Fr 10–18, Sa und So 9.30–18.30 Uhr
Neben El Greco, Dalí und Picasso sind Alonso Cano, Auguste Renoir und Claude Monet ebenso vertreten wie Landschafts- und Genrebilder der katalanischen Meister Ramón Marti Alsina (1826–94), Santiago Rusiñol (1861–1931) und Joaquim Mir (1873–1940).

Oficina de Turisme
Avinguda de Rastrillo, s/n
08261 Cardona
✆ 938 69 27 98

Parador de Turisme de Cardona
Unübersehbar über der Stadt gelegene Burg, ausgeschilderte Auffahrt
08261 Cardona
✆ 938 69 12 75, Fax 938 69 16 36

cardona@parador.es
Vier-Sterne-Parador vom Feinsten in einem Ensemble aus mittelalterlicher Burg und Kirche. Wunderbare Ausblicke, katalanisches Spezialitätenrestaurant De l'Abad. Hotelreservierung empfohlen, 106 Betten. €€€

Hotel Can Puig
Carretera de Manresa, km 46
✆ 973 48 24 10
Drei-Sterne-Hotel an der Landstraße von Cardona nach Solsona, 15 km nordwestlich von Cardona. €€

De l'Abad
Parador de Turisme de Cardona, Burghügel
08261 Cardona
✆ 938 69 12 75
Hohe Ziegelbögen und ein langgestreckter Speisesaal bilden die schöne Kulisse für eine typisch katalanische Küche. Zu den Spezialitäten zählen – je nach Jahreszeit – Reh, Fischsuppe, gegrilltes Milchlamm, Kabeljaufilets, Entrecote und Seeteufel mit Garnelen. Keine überzogenen Preise. €€

Rund um Cardonas Altstadtplatz Plaça de la Fira liegen mehrere, überwiegend von Einheimischen frequentierte Restaurants und Bars (schöne Aussicht von der Bar Centro).

Església de Sant Vicenç
Auf dem Burgplateau
08261 Cardona
Okt.–Mai tägl. 10–13.10 und 15–17.10, Juni–Sept. 10–13.10 und 15–18.10 Uhr
Ticketbüro nahe der Parador-Rezeption.

Salzberg
Am Ortsrand von Cardona
Mo–Fr 10–14, Sa und So 10–18.30 Uhr, im Winter Sa und So 10–17 Uhr
✆ 938 69 24 75

Brautjungfern bei einer traditionellen Hochzeit auf dem Land

10

Im Bann der Pyrenäen

La Seu d'Urgell und Andorra

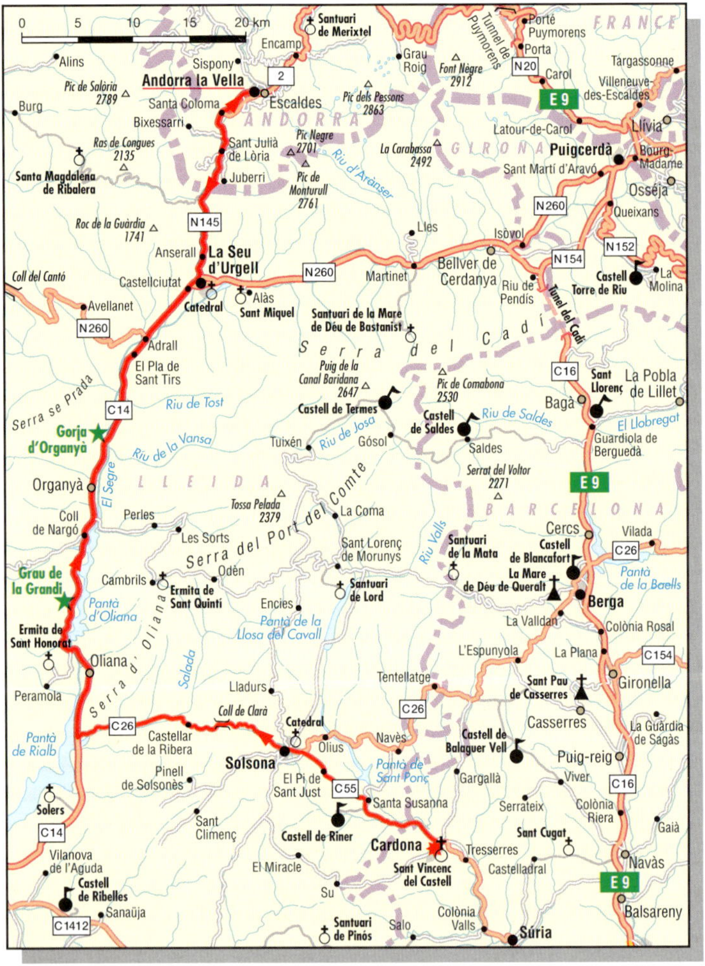

10. Route: Cardona – Solsona – Oliana – Pantà d'Oliana – Organyà – La Seu d'Urgell – Abstecher Andorra la Vella (92 km ohne und 132 km mit Abstecher Andorra la Vella)

Vormittag

Wegen der beschränkten Öffnungszeiten Morgenbesuch des »Salzbergs« von Cardona (siehe S. 130), ab hier auf der C-1410 21 km nach Solsona. In **Solsona** Altstadtbummel, Besuch von Kathedrale und Diözesanmuseum. Weitere 71 km bis **La Seu d'Urgell**, zunächst auf der L-301, nach 22 km ausgeschilderter Rechts-Abzweig auf die C-1313. In La Seu d'Urgell späte Mittagsrast (alternativ: zuvor in Organyà).

Nachmittag

Wer ab La Seu d'Urgell den Abstecher nach **Andorra la Vella** einplant, sollte sich dafür den Rest des Nachmittags/Abends freinehmen und die eigentliche Besichtigung von La Seu d'Urgell (Kathedrale, Diözesanmuseum, altstädtische Arkadengassen, Parks) für den kommenden Vormittag aufsparen.

Alternativen & Extras

Ausflüge ab Solsona führen ins knapp 5 km nordöstlich gelegene **Olius** (Kirche Sant Esteve mit romanischer Krypta) und 12 km südlich zum **Santuari del Miracle** (23 x 12 m großes Barockretabel des Meisters Carles Morató). Dies »Wunder-Sanktuarium« gründet sich auf eine Begebenheit am 3. August des Jahres 1458, als die Mutter Gottes drei Hirten erschienen sein soll; seit Beginn des 20. Jh. leben im Kloster einige wenige Mönche aus Montserrat.

Über den Landkreis Solsonés, dessen Hauptstadt Solsona ist, verteilen sich nicht weniger als 86 romanische Kirchen. Dolmen wie der von Llobera legen Zeugnis ab von den Vorvätern, Burgtürme wie der 30 m hohe Riese von Vallferosa weisen zurück auf die Zeit der Reconquista. Knapp 25 km nördlich von Solsona liegt das schön in die Bergwelt gebettete **Sant Llorenç de Morunys** (nahebei Santuari de Lord).

Südöstlich von La Seu d'Urgell breitet sich der nach der Serra del Cadí benannte **Naturpark Cadí-Moixeró** auf 41 342 ha aus und erreicht mit dem Puig de la Canal Baridana seine Maximalhöhe von 2 648 m. Schroff ragen Kalksteinfelsen auf, man sieht Kiefern, Buchen, Weißtannen, Enzian, Wacholder und Rhododendron. In der Tierwelt kommen Gämsen, Hirsche, Rehe, Wildkatzen, Marder, Smaragdeidechsen und Pyrenäen-Gebirgsmolche vor; hoch oben ziehen Steinadler ihre Kreise. Das Besucherzentrum des Parks findet man in Bagà (Carrer de la Vinya 1, ✆ 938 24 41 51).

Unter Tagesausflüglern sind die folgenden beiden Wanderwege beliebt: Cava–Cortal del Roig (Ausgangspunkt ist das knapp 25 km südöstlich von La Seu d'Urgell gelegene Cava; Wegstrecke etwa 2 Std. 30 Min., mittlerer Schwierigkeitsgrad, 250 m Höhendifferenz; empfohlene Jahreszeit Frühjahr bis Herbst); Estana–Prat de Cadí (Ausgangspunkt ist das 35 km südöstlich von La Seu d'Urgell gelegene Estana; Wegstrecke ca. 2 Std. 30 Min., mittlerer Schwierigkeitsgrad, 400 m Höhendifferenz bei einer Maximalerhebung von 1840 m; empfohlene Jahreszeit Frühjahr bis Herbst). Im Prinzip ganzjährig begehbar ist der Weg Ansovell–El Boscalt (Ausgangspunkt ist das 25 km südöstlich von La Seu d'Urgell gelegene Ansovell; Wegstrecke ca. 50 Min., einfach, 120 m Höhendifferenz).

Teil eines römischen Handelswegs: Pyrenäenbrücke ▷

Im Bannkreis der Pyrenäen steigt der Erlebniswert mit zunehmender Höhe. Zwischen Cardona und Solsona eröffnet sich eine herrliche Aussicht auf die Gebirgsmassen der Serra dels Tossals. Das Vorpyrenäen-Städtchen **Solsona** kündigt sich mit dem konischen Burgberg Castellvell an und hält einen Teil seiner Altstadt von Mauern umschlossen. Durch eines von drei erhaltenen Stadttoren, das Portal del Pont, taucht man ins historische Viertel ein. Die Kathedrale, in romanisch-gotischem Stil gehalten, nimmt einen düster auf; in der von zwei Kuppeln überspannten Kapelle Vergen del Claustre verehren die Gläubigen ein romanisches Bildnis der heiligen Jungfrau. Der Westseite der Kathedrale ist der neoklassische Bischofspalast angesetzt, der mit dem Museu Diocesà eins der erstaunlichsten Museen des katalanischen Hinterlands beherbergt. Melonenstücke, Würste und ein Ei im Eierbecher bieten hier erste Überraschungseffekte - allesamt aus Salzblöcken gearbeitete Kunstobjekte. Daneben gibt es Totenschädel aus dem Bronzezeitalter, romanische Apsismalereien aus verschiedenen Kirchen der Region, hölzerne Marienskulpturen sowie aus Stein gemeißelte Statuen der Santa Llúcia und des Sant Jaume. Besonders kurios: ein »Letztes Abendmahl« aus dem 15. Jahrhundert, bei dem Katzen unter dem Tisch kauern, und ein mit Heiligenmotiven ausgemalter Pharmazieschrank. Ein Ab-

Pyrenäenpanorama

schlussbummel durch das heimelige, freundliche Städtchen führt durch die kleine Geschäftsgasse Carrer del Castell, zur Plaça Major und zur Plaça de Sant Joan mit ihrer Brunnenkapelle.

Hinter Solsona geht es durch Kiefernberge, über die herrliche Höhentrasse um den **Collada de Clarà** (880 m) und das grüne Tal des Ribera Salada in den Landstrich L'Alt Urgell. Auf dem Weg nach **Oliana** türmen sich grandiose Gebirgsketten auf, durch die Wagenfenster dringt frische Bergluft. Bis zum Etappenziel La Seu d'Urgell wird der Riu Segre Wegbegleiter bleiben; der Stausee **Pantà d'Oliana** zieht sich kilometerlang an der Straße hin. In **Organyà** geht der

Durchgangsverkehr durch Mark und Bein, doch Nationalistenherzen schlagen höher. Irgendwann Ende des 12. oder Anfang des 13. Jahrhunderts schrieb man hier die *Homilies d'Organyà* nieder, Predigten, die als die ältesten Quellen in *català* gelten und – eine Tafel an der Kirche frischt das Gedächtnis auf – im örtlichen Gotteshaus gehalten wurden. Mehr zu den *Homilies* erfährt man im Rundbau an der zentralen Plaça de les Homilies (hier auch: Touristenbüro).

Nördlich von Organyà schnürt sich das Segretal in der **Garganta de Organyà** bedrohlich eng zu und verbreitert sich Richtung La Seu d'Urgell zu einem fruchtbaren, grünen Teppich aus Apfelbaumwiesen und Rinderweiden. Über dem weiten Becken rücken baumbewachsene Hänge und Pyrenäenkegel der Serra del Cadí ins Blickfeld, kahl und karg.

La Seu d'Urgell kündigt sich mit Burgruinen und als »Olympiastadt« an, zehrt also noch vom verflossenen Ruhm von 1992, als hier der olympische Kanuslalom stattfand. Mit der Erinnerung ist der Parc Olímpic del Segre geblieben, eine gepflegte Anlage mit künstlichen Kanälen, die bei Kanu-, Kajak- und Raftingfans hoch im Kurs stehen. Zweite grüne Lunge des 11 000-Einwohner-Städtchens ist der Parc del Valira, in dem der zeitgenössische Künstler Lluís Racionero den Kreuzgang der Kathedrale nachempfunden hat. Einfach so, freistehend und ohne Kirchzugabe, dafür mit Zypressen, einem kleinen Brunnen und Kapitellen, auf denen Persönlichkeiten der Weltgeschichte des 20. Jahrhunderts aufleben.

Im Zentrum fließen die Fäden geistlicher und weltlicher Macht an der Plaça dels Oms zusammen. Rathaus *(casa de la ciutat)* und Kathedrale bieten sich gegenseitig die Front – wobei die Kirche klarer Sieger

bleibt und mit dem hiesigen Bischof traditionsgemäß den Co-Fürsten Andorras stellt (siehe S. 143). Die alles beherrschende Catedral Santa Maria d'Urgell zählt zu den ostspanischen Prunkstücken der Romanik, wobei der italienische Architekt Raimundus Lombardus im 12. Jahrhundert seinen Einfluss geltend machte. Der Turm und die Hauptapsis mit ihrer geschützten Bogengalerie beherrschen das Äußere, im Innern dominiert das hohe Tonnengewölbe, in das nur spärlich Licht durch schmale Scharten dringt. Als Oase des Friedens zeigt sich der Kreuzgang (13. Jh.) mit Arkaden, Säulen und Kapitellen voller Monster- und Pflanzenmotive. Vom Kreuzgang aus tritt man in die romanische Església Sant Miquel sowie ins vorbildlich aufbereitete Diözesanmuseum (Museu Diocesà). Unter den klerikalen Schätzen finden sich romanische und gotische Wandmalereien aus verschiedenen Kirchen Kataloniens, Retabel, Mutter-Gottes-Skulpturen sowie das Original einer im 10. Jahrhundert mit 169 Illustrationen versehenen Apokalypse *(Beatus)*.

◁ *Kreuzgang des Klosters von La Seu d'Urgell*

Rund um die Kathedrale breitet sich das verwinkelte Gassengeflecht des historischen Zentrums aus. Die arkadengesäumte Carrer Major gibt einen Vorgeschmack auf eine der kuriosesten Gassen Kataloniens: die Carrer dels Canonges mit ihren Laubengängen, die auf Bruchstein oder Beton ruhen. Unter den Überhängen schlängeln sich Autos hindurch, aus den Altmänner-Kneipen dröhnt ohrenbetäubender Fernsehlärm, auf Höhe der Hausnummer 29 späht man in einen winzigen Seitenaltar mit dem heiligen Jakobus als Pilger.

Abstecher nach Andorra la Vella

Der erste Eindruck täuscht nicht: Andorra la Vella ist ein einziges Kaufhaus, das dortige Lebensgefühl ein einziger Kaufrausch. Tütenschwer schleppt man sich aneinander vorbei, während ein Duftmix aus Autoabgasen, Käse und Parfüm durch die Luft zieht. Durchgängig auf Kommerz eingestellt zeigt sich die städtische Hauptachse **Avinguda Meritxell.** An ihr reihen sich diesseits und jenseits des breit eingefassten Riu Valira Megashops wie an einer Perlenschnur auf und bieten ein buntes Allerlei an Lebensnötigem und

-unnötigem: Anrufbeantworter und Schmuck, Parfüms und Gummistiefel, Kameras und Skianzüge, Schwerter und Sportschuhe, Schweizer Messer und Feinkost, Tretroller und Boulekugeln, edle Kleider und Blousons, dazwischen stapelweise Zigarettenkartons, Fastfood-Tempel und Liköre und Whisky in Hektolitermengen. Derart berauscht, verliert man im Steuerparadies Andorra fast den Blick für die Preise (nicht alles entspricht dem klassischen Schnäppchen-Klischee) und das herrliche Umland. Durch die Shoppingschneisen schaut man hinaus auf bewaldete Hänge, kleine Dörfer und viele Häuser, die sich gewagt an beeindruckend hohe Felsflanken klammern. Im Vergleich dazu liegt Andorra la Vella im Flachland – aber auf stattlicher Höhe von 1030 Metern.

Trotz aller Auswahl in den Geschäften bleibt ein Wunsch offen: der nach einer angemessenen Fußgängerzone. Die dröhnenden Blechkarawanen auf der Geschäftsmeile Avinguda Meritxell stören den Bummelspaß, kleine verkehrsberuhigte Bereiche wie die Carrer Roc dels Escolls sind kaum der Rede wert. Ruhe und schöne Aussicht garantiert die **Plaça del Poble,** der auf einem künstlichen Plateau und mit viel Geschmack und Blumen angelegte »Platz des Volkes«, in dem sich selbiges auf Steinbänken oder Kaffeestühlen niederlässt. In Sichtweite ragt der Bruchsteinturm der **Església de Sant Esteve** in den Himmel; der baugeschichtliche Rahmen der Kirche spannt sich von der Romanik bis ins 20. Jahrhundert. Hinter dem Gotteshaus verästelt sich ein gemütliches Gassengeflecht mit kleinen Läden, dem »Sardana-Brunnen« an der Plaça de Sant Esteve, der Antic Carrer Major und der Carrer de la Vall, die geradewegs auf die **Casa de la Vall** zuläuft. Der urige, um 1530 errichtete Steinbau beherbergt das Parlament – dem Zwergstaat gemäß in Miniformat, versteht sich. Wer inmitten des in Holz gehaltenen Sitzungssaals einen Vergleich mit dem Bundestag wagt, dürfte still in sich hineinschmunzeln und eher an ein Dorfgemeinschaftshaus denken. Mehr noch, wenn man den Blick in die alte Küche lenkt, aus der die Volksvertreter einst versorgt wurden – um danach wieder ihr eigenes Süppchen zu kochen.

Andorra

Skiparadies Andorra

Ein Zwergstaat ganz groß - zwischen Spanien und Frankreich und mitten in die Pyrenäen gebettet, bäumt sich Andorra mit dem Pic de Coma Pedrosa bis zu einer Höhe von 2 946 Metern auf. Die insgesamt 464 Quadratkilometer Fläche beherbergen 65 000 Einwohner, unzählige steuergünstige Geschäfte, Skistationen, Weiden, Wälder, Schluchten, Seen und vier Flüsse. Hauptstadt ist Andorra la Vella, offizielle Amtssprache *català*.

Der Legende nach wurde Andorra 784 von Karl dem Großen gegründet. Als griffigeres Datum gilt 1278, als sich der Fürst von Foix, Roger Bernat III., und der Bischof von Urgell, Pere d'Urg, darauf verständigten, ihren Feudalbesitz Andorra in Form eines Kondominiums zu verwalten. Daraus hervorgegangen ist das heutige »konstitutionelle Co-Fürstentum« mit seinem doppelten Staatsoberhaupt: dem Bischof von Urgell und - als fürstlicher Rechtsnachfolger - dem Präsidenten der französischen Republik. Seit 1993 gilt die Verfassung, die Souveränität und freie politische Betätigung garantiert; seit dem selben Jahr ist Andorra UN-Mitglied. Der in der Casa de la Vall (siehe S. 142) tagende Allgemeine Rat *(Consell General)* hat gesetzgebende Funktion und besteht aus 28 Räten *(consellers)*, die auf vier Jahre gewählt werden. Die *consellers* ihrerseits bestimmen den Regierungschef, dem die stolze Zahl von acht Ministern zur Seite steht.

Andorra bietet ein reiches, überraschendes Besuchspanorama. Über die Einkaufsstadt Andorra la Vella hinaus findet man den Kurbadeort Escaldes-Engordany, pittoreske Orte wie El Serat, das von Kataloniens Stararchitekt Ricard Bofill konzipierte Heiligtum von Meritxell sowie die romanischen Kirchen von Santa Coloma, Encamp und La Cortinada. Nicht zu vergessen die Skistationen um Arcalís, Arinsal, Pal, Pas de la Casa-Grau-Roig und Soldeu-El Tarter. Alle fünf Areale zusammen kommen auf über 100 Lifte und Seilbahnen, 269 Pistenkilometer und weit über 1000 Kunstschneekanonen. In Pas de la Casa-Grau-Roig liegt die Kapazität bei 44 000 Skifahrern pro Stunde. Skilanglauf ist in der Anlage La Rabassa möglich, wo es 15 Kilometer Waldpisten, einen Schlittenpark und einen Schneepark für Kinder gibt.

Informationen: Solsona

Reiten: Beliebtes Freizeitvergnügen in der Bergwelt Andorras

Oficina de Turisme
Carretera de Bassella, 1
25280 Solsona
✆ 973 48 23 10, Fax 973 48 19 33
www.solsones.ddl.net

Pensió Pilar
Carrer dels Dominics, 4
25280 Solsona
✆ 973 48 01 56
Sehr einfache, kleine Herberge im Altstadtgürtel. €

Càmping El Solsonés
Carretera Sant Llorenç, km 2
25280 Solsona
✆ 973 48 28 61

Diözesanmuseum
(Museu Diocesà)
Recht unscheinbarer Eingang an der Plaça del Palau Episcopal
25280 Solsona
Okt.–April Di–Sa 10–13 und 16–18, So 10–14 Uhr, Mai–Sept. Di–Sa 10–13 und 16.30–19, So 10–14 Uhr

Messermuseum
(Museu del Ganivet)
Trav. de Sant Josep, 9, 25280 Solsona
Di–Sa 10–14 und 17–20, So 10–14 Uhr
Erinnert an einen seit dem 17. Jh. dokumentierten Produktionszweig.

Di und Fr vormittags **Wochenmarkt** in der Innenstadt Solsonas.

Feste in Solsona
Über die Regionalgrenze hinaus bekannter **Karneval**

Vieh- und Landwirtschaftsschau *(Fira de Sant Isidre),* Mitte Mai
Fronleichnam
Großes Stadtfest, erste Septemberhälfte.

Oficina de Turisme
Plaça de les Homilies, s/n
25794 Organyà
✆ 973 38 30 07

Entlang der Durchgangsstraßen von Organyà reihen sich mehrere Bars, Cafés und Restaurants aneinander.

Oficina de Turisme
Avinguda Valls d'Andorra, 33
25700 La Seu d'Urgell
✆ 973 35 15 11, Fax 973 36 01 56
turismeseu@svt.es
www.svt.es/la_seu/

Parador de La Seu d'Urgell
Carrer Sant Domènec, 6
25700 La Seu d'Urgell
✆ 973 35 20 00, Fax 973 35 23 09
seo@parador.es
Drei-Sterne-Klassiker mitten in der City, einen Steinwurf von der Kathedrale entfernt. Schmuckstück ist der Innenhof, günstig für Autofahrer die hauseigene Garage. Mit regionalem Spezialitätenrestaurant. €€€

Hotel El Castell
Carretera de Lleida, s/n
25700 La Seu d'Urgell
✆ 973 35 07 04
Rund 400 m vom Ortsausgangsschild entfernt an der N-260 Richtung Barcelona auf einem kleinen Vorsprung oberhalb der Straße gelegen. Herrliche Aussicht, ideal erreichbar für Autofahrer. €€€

Hotel Avenida
Avinguda de Pau Claris, 24
25700 La Seu d'Urgell
✆ 973 35 01 04
Schnörkellos-zweckmäßiges 48-Zimmer-Haus. Zentral, ein Stern, von drei Straßen umgeben und demzufolge nicht allzu ruhig. €€

Alberg La Valira
Carrer Joaquim Viola, 57
25700 La Seu d'Urgell
✆ 973 35 38 97
Jugendherberge; 100 Plätze. €

Andria
Passeig Joan Brudieu, 24
25700 La Seu d'Urgell
✆ 973 35 03 00
Gediegenes Ambiente im Herrenhausstil, erlesene Küche. U.a. Forelle, Lamm, Kaninchen und Paella. Das Restaurant ist dem gleichnamigen Hotel (zwei Sterne; Tradition seit 1874) ange-

Kapitellschmuck im Kathedralen-Kreuzgang von La Seu d'Urgell

schlossen, die Promenade vor der Tür eignet sich zum Verdauungsspaziergang. €€

Drac d'Or
Avinguda de Pau Claris, 26
25700 La Seu d'Urgell
✆ 973 35 21 26
Solider Chinese, Mo–Fr günstiges Mittagsmenü, ansonsten Menüs für 2–8 Personen. Reichlich Fisch und Meeresfrüchte, mehrere Salate zur Auswahl. €–€€

Einige Bars entlang der Carrer dels Canonges sowie im Bereich des Kathedralenvorplatzes (Plaça dels Oms) in La Seu d'Urgell.

Diözesanmuseum
(Museu Diocesà)
Plaça dels Oms
25700 La Seu d'Urgell
Juni–Sept. Mo–Sa 10–13 und 16–19, So 10–13 Uhr, Okt.–Mai Mo–Fr 12–13, Sa und So 11–13 Uhr
Das der **Kathedrale** angeschlossene und überraschend verwinkelte Museum gehört für Kunstinteressierte zum Pflichtprogramm. Die Wandmalereien stammen u. a. aus Kirchen in Baltarga, Estaon und - in Gestalt eines undefinierbaren Tiers als Flötenspieler - aus Isavarre.

Sala de Cultura de Sant Domènec
Carrer Sant Domènec, s/n
25700 La Seu d'Urgell
Zwischen Kathedrale und Parador liegt dieser zentrale Ort für Ausstellungen, Vorträge und Konzerte.

Di und Sa ist **Markttag** in La Seu d'Urgell.

Parc Olímpic del Segre
25700 La Seu d'Urgell
✆ 973 36 00 92
www.parcolimpic.com
Rafting, Hydrospeed, Kanu- und Kajakverleih (wahlweise für die ruhigeren oder wilderen Wasser).

An- und Ausreise Andorra

Andorras Hauptstadt Andorra la Vella liegt knapp 20 km nördlich von La Seu d'Urgell, bestens beschildert und über die N-145 und durch das von schmalen Felsflanken eingefasste Tal des Riu Valira erreichbar.
Vier Hinweise zur Ausreise bzw. Wiedereinreise:
- Wegen der günstigen Benzinpreise in Andorra sollte man noch einmal volltanken.
- An der Grenze kann es bei der Wiedereinreise nach Spanien wegen der üblichen Zollkontrollen zu längeren Wartezeiten kommen.
- Zollfrei nach Spanien dürfen folgende Mengen pro Erwachsenem eingeführt werden: 1,5 l Alkohol mit mehr als 22 % bzw. 3 l Alkohol mit weniger als 22 %, 5 l Wein, 1000 g Kaffee, 200 g Tee, 300 Zigaretten, 75 ml Parfüm, 375 ml Kölnisch Wasser, Sonstiges bis zu einem Wert von 500 Euro.
- Auf spanischem Boden kündigt sich nicht etwa Spanien an, sondern Katalonien.

Oficina de Turisme
Carrer Dr. Vilanova, s/n
Andorra la Vella
✆ 376-82 02 14, Fax 376-82 58 23
www.turisme.ad und
Plaça de la Rotonda
✆ 376-82 71 17, Fax 376-86 98 07

Zentrumsnah in Andorra la Vella und mit eigener Parkmöglichkeit/Garage ausgestattet:

- **Crown Plaza Hotel**, Prat de la Creu, 88, ✆ 376-87 44 44, Fax 376-87 44 45; €€€
- **Plaza Hotel**, Carrer Maria Pla, 19–21, ✆ 376-86 44 44, Fax 376-82 17 21; €€€
- **Hotel Mercure,** Carrer de la Roda, s/n, ✆ 376-82 07 73, Fax 376-82 85 52; €€€
- **Hotel Ibis**, Avinguda Meritxell, 58, ✆ 376-82 07 77, Fax 376-82 82 45; €€–€€€

Càmping Frontera
Zwischen La Seu d'Urgell und der Grenze zu Andorra, ausgeschilderter Abzweig

Càmping Valira
Avinguda Salou, s/n
Andorra la Vella
✆ 376-82 23 84

Restaurants in Andorra la Vella reihen sich an der Avinguda Meritxell auf, stilvoll-gemütlichere Speisestätten findet man im Bereich um die Cap del Carrer und in der Antic Carrer Major (nahe der Casa de la Vall).

Casa de la Vall
Carrer de la Vall, s/n
Andorra la Vella
Das Parlament Andorras hat zwar regelmäßige Öffnungszeiten (Mo–Sa 9.30–13 und 15–19, So 10–14 Uhr), ist i. d. R. jedoch nur nach tel. Voranmeldung im Rahmen von Gruppenführungen zu besichtigen (✆ 376-82 91 29); Eintritt frei
Besonders schön sind der Parlamentsund der holzgetäfelte Gerichtssaal; von der Promenade vor dem Haus schaut man hinüber in die Bergwelt.

Außerhalb Andorra la Vellas: **Automobilmuseum** in Encamp (Museu Nacional de l'Automòbil), **Rull-Haus** in Sispony (Museu Casa Rull), **Postmuseum** in Ordino (Museu Postal d'Andorra) sowie das aus dem 17. Jh. datierende Stammhaus derer von Areny-Plandolit ebenfalls in Ordino **(Museu Casa d'Areny-Plandolit).**
Alle So nachmittags und Mo geschl.

Parkraum in Andorra la Vella ist ebenso begehrt wie begrenzt, aber äußerst preiswert – man will die potenziellen Käufermassen nicht verprellen. In jeder Hinsicht günstig ist der zentrumsnahe Großparkplatz **Aparcament Parc Central**.

»Hexenuhr« an der Plaça del Poble, Andorra la Vella

11 Kurven, Klöster und Vulkane

Natur und Kultur bis Olot

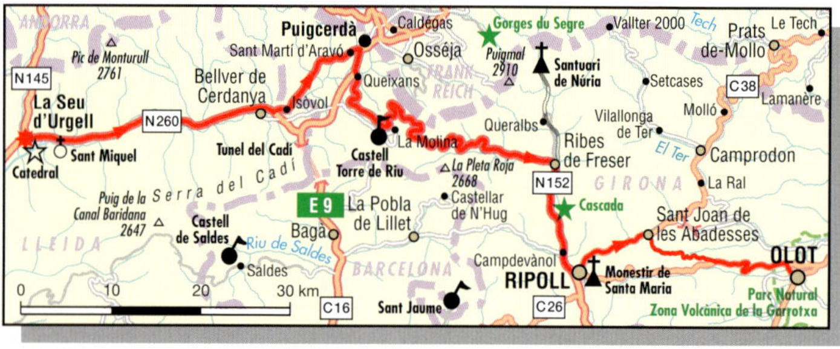

11. Route: La Seu d'Urgell – Martinet – Bellver de Cerdanya – Puigcerdà – Planoles – Ribes de Freser – Ripoll – Sant Joan de les Abadesses – Olot (143 km)

Vormittag

Nach Morgenrundgang in La Seu d'Urgell 47-km-Strecke auf der N-260 nach **Puigcerdá**, dort Rundgang (Park, Stadtkern mit Fußgängerzone und Glockenturm Santa Maria; besonders belebt beim Sonntagsmarkt) und frühe Mittagsrast. Die Mittagszeit sollte man für die Fahrt durchs Gebirge nutzen; N-152 über den 1800-m-Pass Collada de Toses ins 50 km entfernte Ribes de Freser.

Nachmittag

Kurzer Bummel und Kirchenbesuch in **Ribes de Freser**, dann durch das schmale grüne Tal des Riu Freser 13 km weiter nach Ripoll. In **Ripoll** Besuch von Basilika und Kreuzgang, ehe die Fahrt auf der C-151 über **Sant Joan de les Abadesses** fortgesetzt und dort Kirche und Klostermuseum besichtigt werden. Ab Sant Joan de les Abadesses 24 km bis **Olot**, zunächst auf der C-152, nach 3 km ausgeschilderter Wechsel auf die C-153. Wer ab Olot Wanderungen im **Vulkanpark La Garrotxa** plant, sollte direkt für zwei Tage Quartier beziehen; Vorteil sind die vergleichsweise günstigen Unterkünfte.

Alternativen & Extras

Ab Martinet ausgeschilderter 2,8 km-Abzweig nach **Montellà de Cadí,** einem typischen Dorf des Landstrichs Cerdanya.

Diejenigen, die meerwärts abkürzen wollen, zweigen kurz hinter Bellver de Cerdanya Richtung **Barcelona** ab; dabei geht es durch den gebührenpflichtigen **Túnel del Cadí.** Eine zweite Abzweigmöglichkeit Richtung Tunnel und Barcelona besteht ab Puigcerdà, von wo aus Kataloniens Hauptstadt 153 km entfernt liegt.

Zu den Ausflugszielen ab Puigcerdà zählen die südlich gelegenen **Skigebiete Masella** und **La Molina.** Nordöstlich erreicht man die spanische Exklave **Llívia,** die komplett von französischem Terrain umschlossen wird. Auf der Burg von Llívia wurde 1659 der Pyrenäenfrieden unterzeichnet, Besucher zieht es ins Ortsmuseum und in die aus dem 15. Jh. datierende Esteva-Apotheke.

Ribes de Freser ist Ausgangspunkt einer Zahnradbahn *(cremallera),* die einen auf einer 12,5 km langen Strecke von 905 m auf knapp 2 000 m ins malerische Gebirge zum Heiligtum von **Núria** hinaufträgt; im Prinzip ist die Bahn ganzjährig in Betrieb, wechselt aber häufig ihre Verkehrszeiten (Ende Juni–Anfang Sept. i. d. R. tägl., ansonsten überwiegend an den Wochenenden, im Winter abhängig von der Öffnung der Skistation). Alternative zur Bahn ist die Auffahrt bis Queralbs (letzter mit dem Auto erreichbarer Ort; romanische Kirche), ab dort weiter zu Fuß.

Der Ursprung des Pilgerorts ist mit dem Bildnis der Mutter Gottes von Núria verknüft, das – glaubt man der Legende – der heilige Ägidius um 700 n. Chr. persönlich geschnitzt haben soll. Eine erste Kapelle wurde allerdings erst 1615 geweiht, die neue Kirche geht ursprünglich auf das Ende des 19. Jh. zurück. Nach ihrer Zerstörung 1925 entstand die heutige Anlage – nach verschiedenen Umbauten – im Jahr 1960. In Núria findet man u. a. ein Hotel, eine Jugendherberge, Restaurants und ein Informationsbüro.

Die Wallfahrtsstätte liegt im **Naturschutzgebiet Freser-Setcases/Vall de Núria,** das rund 12 500 ha einer typischen Pyrenäen-Hochgebirgslandschaft mit Schwarzkiefern, Birken, Eichen und Eschen umfasst, in der u. a. Murmeltiere, Gämsen und Steinadler vorkommen. Zur wärmeren Jahreszeit erfreut sich die Gegend unter Wanderern großer Beliebtheit, während der künstliche See von Núria zu einer Bootspartie einlädt. Im Winter heißt es »Ski heil«.

Östlich von La Seu d'Urgell führt die gut ausgebaute Pyrenäenachse N-260 das Tal des Riu Segre hinauf. In die Grüntöne mischt sich das Rostbraun von kargen Massiven, Picknickplätze laden zum Rasten ein, ein ums andere Mal glitzert der Fluss hervor. Riesige Felsenbuckel, -zacken und -nasen zeichnen den Weg bis **Martinet,** dahinter verliert das Tal an Grandiosität. Saftig grüne Wiesen um das mittelalterlich anmutende **Bellver de Cerdanya** wechseln sich mit Hügeln ab. Es geht in die Provinz Girona, der französischen Grenze entgegen und *peu à peu* höher hinaus: über **Isòvol** (1 049 m) und **Ger** (1 135 m) bis nach **Puigcerdà** (1 202 m), dessen Stadtplateau sich weithin sichtbar ankündigt. Dazwischen liegen Rinderweiden und Maisfelder, Bauerngehöfte wirken wie kleine steinerne Trutzburgen, in modernen Villenkolonien hat sich ein jeder sein Haus an der Sonne und einen herrlichen Ausblick gen Süden gesichert – über das breite Tal von Puigcerdà schweift der Blick bis an die steinerne Wand der östlichen Serra del Cadí. Die Sommerfrische steht in krassem Kontrast zu den grimmigen Pyrenäenwintern; die Häuserdächer sind hier spitz, damit der Schnee leichter abrutschen kann.

Nicht immer ging es in **Puigcerdà** so friedlich zu wie heute. Wegen seiner strategischen Lage und der Kontrolle über die nahen Pyrenäenübergänge war das 6 000-Einwohner-Städtchen vor allem im 16./17. Jahrhundert zwischen Spaniern und Franzosen hart umkämpft. 1659 endete einer der verheerendsten Kriege mit dem Pyrenäenvertrag, demzufolge der Landstrich

See bei Puigcerdà

Cerdanya (franz. Cerdagne) aufgeteilt wurde; heute liegt die Grenze zu Frankreich gerade 1,4 Kilometer entfernt. In der gefälligen City (rund um Carrer Major und Carrer d'Espanya) herrscht sonntagvormittags ein munteres Treiben. Auf dem großen Markt deckt man sich mit frischem Gemüse vom Bauern und Honig vom Imker ein, mit Hemden und Hosen, mit Grammofon und Vögeln. Und beim Kräutermann gibt's Wundermittel gegen Rheuma, Kopfschmerz, Diabetes und Durchfall.

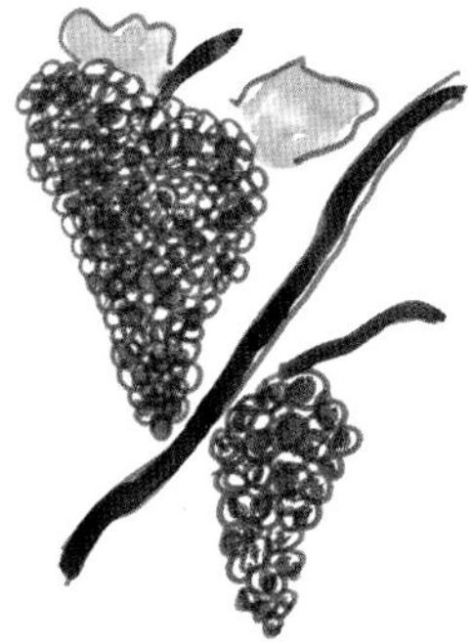

Markantestes Bauwerk in Puigcerdà ist der freistehende, achteckige Glockenturm Santa Maria. Über der Plaça de Santa Maria ragt er wie ein überdimensionaler Finger 35 Meter hoch auf und ist einziges Überbleibsel einer im 14. Jahrhundert erbauten Kirche. Einen Bummel verdient der Parc Schierbeck, der sich mit seinem gepflegten Grün und den Spazierwegen rund um den kleinen See *(estany)* legt.

Ein Hochgenuss für Naturfreunde, ein Härtetest für Magenschwache: Die Strecke über den 1800-Meter-Pass **Collada de Toses** hat es wirklich in sich. Südsüdöstlich von Puigcerdà windet sich die Pyrenäenachse N-152 unablässig hinauf und belohnt - freie Sicht vorausgesetzt - ihre Benutzer mit herrlichen Ausblicken über Berg und Tal. Hochgewachsene Kiefern, Disteln, Hagebutten, Birken, Brombeerranken und - nur im Sommer nutzlose - Schneeleitpfosten säumen den Weg. Hinter der Passhöhe (Hostal, Restaurant), in einer Gebirgslandschaft aus vulkangleichen Kegeln, führt die Straße erwartungsgemäß in die Tiefe. Auf dem kurvigen Weg hinab ins Flusstal des Freser rauschen farnbedeckte Hänge vorbei, Kiefern und Ginster und das Örtchen **Planoles,** während sich in der Ferne baumlose Buckel zeigen. Tief drin im Talkessel steckt **Ribes de Freser,** Startpunkt der Zahnradbahn hinauf zum Heiligtum von **Núria** (siehe S. 149) und mit einem bescheidenen Zentrum rund um die schiefergedeckte Kirche Santa Maria mit ihren drei romanischen Apsiden. Etwas außerhalb des Ortskerns erheben sich das klobige Castell de Sant Pere und ein kreuzgekrönter Felsvorsprung (Roca de la Creu). *Aigua de Ribes* heißt das in der Gegend geförderte Mineralwasser.

Blick zurück aufs Mittelalter: Brücke von Sant Joan de les Abadesses

Ripoll zählt nicht zur Kategorie »Liebe auf den ersten Blick«. Der ernüchternde Ersteindruck des Industriestädtchens relativiert sich allerdings in der Fußgängerzone um die Carrer de Sant Pere und auf dem großen Freiplatz vor dem Rathaus und dem Kloster Santa Maria de Ripoll. Die vormalige Benediktinerabtei geht auf die Jahre 879/880 und Guifré I. el Pilós zurück, den im Querschiff der Basilika begrabenen Stammvater der gräflichen Dynastie von Barcelona (zu deutsch hieß er »Wilfried der Behaarte«). Das Kloster war in mehrfacher Hinsicht kulturelle Hochburg: wegen seiner bekannten Schreibwerkstatt, des doppelstöckigen Kreuzgangs (12.–16. Jh.) und des heute mit Glasvorbau geschützten Kirchenportals, das einem Triumphbogen gleichkommt. Dies Meisterwerk

der Romanik erzählt in 89 Bildhauermotiven u. a. von Kain und Abel, vom Schicksal des Paulus und der Verherrlichung Gottes. Auf dem Thron sitzt der Allmächtige und wird von den Evangelistensymbolen eingerahmt. Nicht alltäglich zeigt sich das restaurierte romanische Kircheninnere mit Bodenmosaik, fünf Längsschiffen und sage und schreibe sieben Apsiden.

Der behaarte Wilfried hat auch das Kloster in **Sant Joan de les Abadesses** gegründet. Das Dorf liegt am Riu Ter, über den sich am Ortseingang eine romanisch-gotische Brücke spannt und wo sich die Jugend unter den Kastanienbäumen am Passeig del Comte Guifré trifft. Vom Benediktinerinnenkloster, das Guifré 887 für seine Tochter Emma gründete, hat sich die romanische Kirche mit ihren fünf Apsiden erhalten;

besondere Beachtung verdienen das Klostermuseum, eine romanisch-gotische Kreuzabnahme und ein im 14. Jahrhundert aus Alabaster gefertigtes Bildnis der Weißen Madonna.

Bis Olot hält man – an Maisfeldern vorbei und durch mehrere Tunnel – auf eine vielhöckrige grüne Silhouette zu. **Olot** liegt mitten in altem Vulkanland; rund um das 28 000-Einwohner-Städtchen ragen mit dem Volcà Montsacopa, dem Garrinada, dem Montolivet und dem Bisaroques gleich vier empor; zu den beiden ersten führen Wege hinauf. Aber halt: Die Vulkane sind keine dampfenden Riesen, sind weder Stromboli noch Vesuv! Seit mehr als 10 000 Jahren sind sie erloschen, erheben sich in bescheidener Größe von maximal 160 Metern und halten ihre Kegel mit einem dichten Pflanzenkleid bedeckt. Im Naturpark La Garrotxa stehen sie unter Schutz, Olots kleines Vulkanmuseum (Museu dels Volcans; auch Casa dels Volcans) macht mit Geologie und Vulkanismus vertraut. Ziele in der gefällig-geschäftigen City sind die Església de Sant Esteve, die Plaça Major, die Plaça Clara mit ihren üppigen Grünanlagen sowie die originelle Sardana-Rundsäule am Passeig Bisbe Guillamet. Auf dem großen Innenstadtmarkt montagvormittags decken sich die Oloter mit Obst, Gemüse, Kleidern, Gewürzen, Olivenöl, Käse und Honig ein. Bei mehreren großen Erdbeben um 1428 ist Olot seiner historischen Substanz beraubt worden. Textil- und Wurstwarenindustrie haben der Stadt einen gewissen Reichtum beschert.

Eindrucksvolle Vulkanlandschaft im Naturpark La Garrotxa

Grünes Vulkanland La Garrotxa

König der Vulkane im Naturpark La Garrotxa ist der Croscat. Vor 11 500 Jahren hat er ein letztes Mal Feuer und Lava gespuckt, heute umgibt den bewaldeten Kegel Stille. Von Norden, Süden und Westen sieht man ihm seine Vergangenheit nicht gleich an, doch an der Ostseite öffnet er mit einer Riesenspalte sein Inneres. Man blickt auf lawinenartige Abstürze, Schichten in Tiefschwarz, Rost- und Hellbraun *(grederes)*. Bis in die 1970er Jahre hinein wurde hier im Tagebau Lapilli gewonnen.

Seit 1985 steht das grüne Vulkanland La Garrotxa als 12 000 Hektar großer Naturpark unter Schutz. Was nicht gleichbedeutend mit kompromisslos geschützter Natur ist. Hier leben immerhin 40 000 Menschen, 98 % des Areals sind in Privatbesitz, ins Bild gehören Ackerland und Rinderweiden. Und jüngsten Schätzungen der Naturparkverwaltung zufolge beläuft sich die jährliche Besucherzahl auf eine halbe Million.

Rund 350 000 Jahre ist es her, dass die ersten Ausbrüche das Gebiet erschütterten. Geblieben sind 40 erloschene Vulkane, über die sich Eichen- und Buchenwälder ziehen. Hinzu kommen die von Lava geformten Basaltfelsen von Castellfollit de la Roca und nahe Sant Joan les Fonts. In der Garrotxa kommen Ginsterkatzen, Steinmarder, Dachse und Spitzmäuse vor; Schlangenadler, Habicht, Waldkauz und Buntspecht stehen für die artenreiche Vogelwelt. Die Hohlräume des Vulkangesteins werden von Schlangen wie der Stülpnasenotter, der Aspisviper, der Kreuzotter und der Eidechsennatter als Schlupfwinkel genutzt.

Im Naturpark sind mehrere Wanderstrecken ausgeschildert. Als Ausgangspunkte eignen sich die **Parkplätze Àrea de Can Serra** und **Àrea de Santa Margarida,** die drei bzw. sechs Kilometer südöstlich von Olot an der Landstraße Richtung Santa Pau (GI-524) liegen. Beide Parkplätze binden an den Rundwanderweg um die Vulkane Croscat, Santa Margarida und Puig de la Costa an. Für kürzere Touren wählt man am besten den Parkplatz Àrea de Santa Margarida, von wo aus man je ca. 20 Minuten bis zur genannten Ostflanke des **Volcà Croscat** sowie zum **Volcà de Santa Margarida** unterwegs ist. Am Santa-Margarida-Vulkan führt der Weg geradewegs in den Krater hinein und zur Kapelle hinab. Von hier unten bietet sich der beste Blick auf dieses mit Farnen und Ginster besetzte Amphitheater der Natur mit einem stattlichen Durchmesser von 350 Metern. Warum das kleine Santa-Margarida-Gotteshaus mitten im Kratergrund liegt, geht auf eine Legende um die heilige Margareta zurück, die einst einen hier hausenden Drachen besänftigte.

Einmal am Parkplatz Àrea de Santa Margarida, sollte man nicht versäumen, ein Stückchen weiter nach **Santa Pau** zu fahren; der 1450-Einwohner-Ort versetzt einen zurück ins Mittelalter. In der Avinguda de l'Estany liegt das Lavamuseum.

Infos: www.garrotxa.net, www.garrotxa.com

Längs der Durchgangsstraße Carrer del Segre in Martinet bieten sich mehrere Cafés für eine Rast an.

Oficina Comarcal de Turisme de la Cerdanya
Carretera de Barcelona, s/n
17520 Puigcerdà
✆ 972 14 06 65, Fax 972 14 05 92 und
Carrer d'Espanya, 44
17520 Puigcerdà
✆ 972 88 21 61, Fax 972 88 22 83

Park Hotel
Carretera de Barcelona, s/n
17520 Puigcerdà
✆ und Fax 972 88 07 50
Nahe an der Straße Richtung Barcelona gelegenes Vier-Sterne-Haus. Mit Großparkplatz für Gäste, Tennisplätzen, Grünanlagen und Pool. 55 Zimmer, viele Balkone zur schönen Bergseite hinaus. Während der Skisaison kann man Tagesausflugspakete zu den Pisten buchen. €€€

Hotel Avet Blau
Plaça de Santa Maria, 14
17520 Puigcerdà
✆ 972 88 25 52, Fax 972 88 12 12
Zentrales Haus genau gegenüber dem Glockenturm Santa Maria. Cafeteria, Parkmöglichkeit. Nur sechs Zimmer; Frühstück ist im Preis enthalten.
€€–€€€

San Remo
Carrer Ramón Cosp, 9
17520 Puigcerdà
✆ 972 88 00 05
Rustikal unter Dachbalken, zwei recht günstige Mittagsmenüs zur Wahl. Ansonsten mehrere Gerichte mit Fisch und Meeresfrüchten, so wie Seehecht, Sepia, Seeteufel und Garnelen aus der Grillpfanne; die Fischplatte fällt ein wenig aus dem preislichen Rahmen. Im Unterbereich des Restaurants befindet sich die von Einheimischen vielfrequentierte Bar.
€–€€

Portaldetail des Benediktinerklosters in Ripoll

Rund um die Plaça de Santa Maria in Puigcerdá sind einige Bars bzw. Restaurants beheimatet.

Feste in Puigcerdà
Viehschau, letzter Sa im April
Stadtfest und Kulturwoche (mit Straßentheater, Dichterlesungen), Anfang Juli
Seefest, drittes Aug.-Wochenende
Pferdeschau, erstes Wochenende im Nov.

Oficina de Turisme
Placa de l'Ajuntament, s/n
17534 Ribes de Freser
✆ 972 72 77 28, Fax 972 72 70 16
www.vallderibes.com

Oficina de Turisme
Plaça de l'Abat Oliba, s/n
17500 Ripoll
✆ 972 70 23 51

Monestir Museu
Plaça de l'Abat Oliba
17500 Ripoll
Ende März–Ende Sept. tägl. außer Mo 9.30–13.30 und 15.30–19 Uhr, sonst tägl. außer Mo 9.30–13 und 15.30–18 Uhr
Kloster mit restauriertem Kreuzgang.

Ethnographisches Museum
Plaça de l'Abat Oliba
17500 Ripoll
Ende März–Ende Sept. tägl. außer Mo 9.30–13.30 und 15.30–19 Uhr, sonst tägl. außer Mo 9.30–13 und 15.30–18 Uhr
Informiert ausgiebig über die Frühgeschichte der Region, bäuerliches Leben, Schmiedekunst, Eisenverarbeitung und religiöse Bräuche.

Oficina de Turisme
Plaça de l'Abadia, 9
17860 Sant Joan de les Abadesses
✆ 972 72 05 99
Das Fremdenverkehrsbüro ist im **Palau de l'Abadia** untergebracht, in dem einst die Äbte lebten; der angeschlossene kleine Kreuzgang datiert aus dem 15. Jh.

Església e Museu del Monestir
Eingang an der Plaça de l'Abadia
17860 Sant Joan de les Abadesses
Wechselnde Öffnungszeiten, Juli und Aug. i. d. R. tägl. 10–19, sonst 10–14 und 16–18 Uhr

Oficina de Turisme
Carrer del Bisbe Lorenzana, 15
17800 Olot
✆ 972 26 01 41, Fax 972 27 00 56
www.olot.org

Hotel Riu Olot
Carretera Santa Pau, s/n
17800 Olot
✆ 972 26 94 44, Fax 972 26 67 03
Angenehmes Vier-Sterne-Haus, von der Außenterrasse besonders schöne Aussicht. Alle Zimmer mit TV, Telefon und Klimaanlage bzw. Heizung. €€

Hotel Apartment La Perla
Carretera La Deu, 9
17800 Olot
✆ 972 26 23 26, Fax 972 27 07 74
hperla@agtat.es
Etwas südlich von Olot gelegenes Haus mit 36 Zimmern, 30 Appartements und Restaurant. €–€€

Hostal Stop
Carrer de Sant Pere Màrtir, 29
17800 Olot
✆ 600 31 51 94
Trostloser Preisknüller, innenstadtnah, ein wenig heruntergekommen. €

Alberg d'Olot
Passeig de Barcelona, 15

17800 Olot
✆ 972 26 42 00
Jugendherberge; 94 Plätze. €

Càmping Lava
Kurzer Abzweig zum Campingplatz von der Landstraße Olot–Santa Pau (GI-524), etwa 6 km südöstlich vom Ortsrand Olots entfernt
✆ 972 68 03 58
Ganzjährig geöffnet.

Ramon
Plaça de Clarà, 10
17800 Olot
✆ 972 26 10 01
Recht gemütliche Sitznischen, auf der Speisekarte nicht die größte Auswahl. Fleisch, Meeresfrüchte, »schwarzer Reis«. €–€€

China Town
Carrer Serra i Ginesta, 14
17800 Olot
✆ 972 26 28 29
Solider, Mo–Fr bei Mittagsmenüs äußerst preisgünstiger Chinese. Ansonsten mehrere Menüs für 2–6 Personen. €

Museu Comarcal de la Garrotxa
Carrer de l'Hospici, 8
17800 Olot
Mo sowie Mi–Sa 11–14 und 16–19, So 11–14 Uhr
Gemeindemuseum, das u.a. Landschaftsgemälde von Joaquim Vayreda und Werke des aus Olot stammenden Bildhauers Miquel Blay (1866–1936) zeigt.

Museu dels Volcans
Avinguda de Santa Coloma, s/n
17800 Olot
Mo sowie Mi–Sa 10–14 und 17–19, So 10–14 Uhr
In einem kleinen Botanischen Garten gelegenes Vulkanmuseum, dessen Name spektakulärer klingt als das, was

Idylle im Naturpark La Garrotxa

»Cavallets« beim Oloter Stadtfest

drinsteckt. Informationen rund um den **Naturpark La Garrotxa**, Geologie und Vulkanismus, dicht gedrängte Erklärungstafeln (nur auf *català).* Ein Erdbeben-Simulator ruft ein großes Erdbeben, das im 15. Jh. in Olot stattfand, ins Gedächtnis.

Ein rund 55 km langer **Radwanderweg** folgt der ehemaligen Trasse der Schmalspurbahn von Olot (440 m) über den Coll d'en Bas (600 m) nach Girona (85 m).

Ein besonderes Erlebnis sind **Ballonrundflüge** über den Vulkanpark La Garrotxa; aktuelle Informationen in den Fremdenverkehrsämtern von Olot und Santa Pau.

Estació d'Autobusos
Carrer del Bisbe Lorenzana, 20
17800 Olot
✆ 972 26 01 96
Verbindungen u.a. nach Barcelona, Figueres, Girona, Lloret de Mar und Vic.

Feste in Olot
Karneval
Stadtfest, um den 8. Sept.

12 Dörfer, See und die Altstadt Gironas

Von der Garrotxa nach Girona

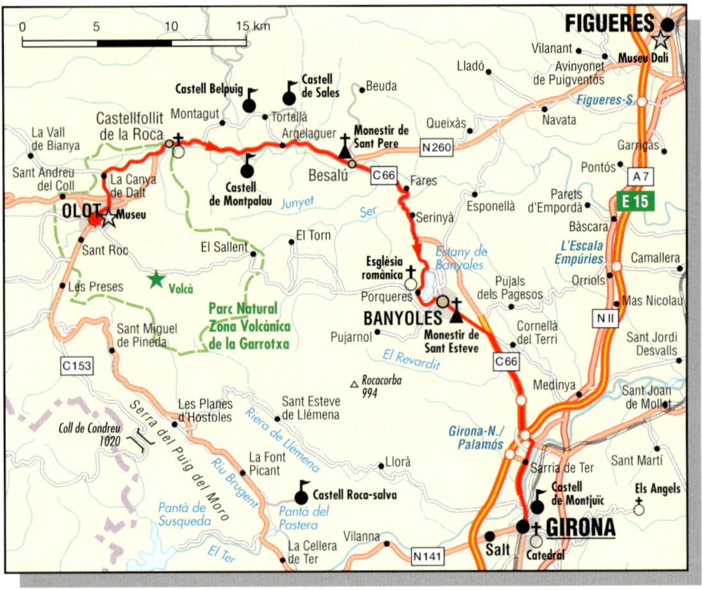

12. Route: Olot – Sant Joan les Fonts – Castellfollit de la Roca – Besalú – Porqueres – Estany de Banyoles – Banyoles – Girona (57 km)

Vormittag
Für Naturfreunde bieten sich in den frühen Morgenstunden kleine Wandertouren durch die Vulkanwelt des Naturparks La Garrotxa an, am besten ab dem Parkplatz Àrea de Santa Margarida (siehe S. 155). Rückkehr nach Olot und ab dort auf der GI-522 und C-153 wenige km weiter ins ausgeschilderte **Sant Joan les Fonts** (Kirche). Hinter Sant Joan les Fonts automatisch Übergang auf die N-260 nach Castellfollit de la Roca (schönster Blick auf den Felsenort von der Landstraße aus) und weiter durch grünes Hügelland nach **Besalú**, wo sich die Mittagsrast in einem der urigen Restaurants lohnt.

Nachmittag
Frühe Weiterfahrt Richtung Banyoles, 7 km hinter Besalú ausgeschilderter Rechts-Abzweig nach Banyoles und weitere 3 km dahinter neuerlicher Rechts-Abzweig, ausgewiesen mit L'Estany. Auf diesem etwas längeren Weg nach **Banyoles** kommt man an der **Kirche Santa Maria de Porqueres** (12. Jh.) vorbei und auf der Uferstraße ins Städtchen, dort Bummel durch die City und – besonders lohnend – am Seeufer entlang. Ab Banyoles auf der C-150 weiter ins knapp 20 km entfernte **Girona**. In Girona Erkundung der Altstadt, mit Besuch der Kathedrale, der Arabischen Bäder und des Jüdischen Museums im alten Judenviertel. Besonders schön: ein Spaziergang über die Stadtmauern.

Alternativen & Extras
Zwischen Besalú und Banyoles liegt der ausgeschilderte Abzweig zum **Parc de les Coves Prehistòriques** von Serinyà. Dieser »Park der prähistorischen Höhlen« macht mit dem Leben steinzeitlicher Jäger und Sammler vertraut (wechselnde Öffnungszeiten, Juli–Sept. i. d. R. tägl. 11–19 Uhr, Informationen unter ✆ 972 59 33 10 oder 972 57 35 50).

Girona ist auch problemlos als Tagesausflug ab der Küste planbar, z. B. ab Lloret de Mar, Tossa de Mar oder Roses.

Das grün gewellte Vulkanland Garrotxa entlässt einen mit seinen nordöstlichsten Orten: **Sant Joan les Fonts** (Basilika aus Ziegeln und Bruchstein) und **Castellfollit de la Roca,** das oberhalb des Riu Fluvià

Romanische Wehrbrücke von Besalú

Am See von Banyoles ▷

spektakulär auf einem Basaltsporn ruht. Urig-dörfliche Atmosphäre hat **Besalú,** das mit seinen schmalen Gassen unter Denkmalschutz steht und in die Riege der schönsten Ortschaften Kataloniens gehört. Und was auf engstem Raum alles zu sehen ist! Urige Bruchsteinhäuser, die Plaça de la Llibertat mit ihren klobigen Arkaden, die romanische Església de Sant Vicenç und die jüdischen Bäder (Call Miqwé; 12. Jh.). Rund um die Església de Sant Pere liegt der große Platz Prat de Sant Pere mit Bänken und Blumenkübeln; die Kirche selbst ist Überbleibsel eines 977 gegründeten Benediktinerklosters und trägt als markante Elemente Löwenfiguren an der Fassade. Das Wahrzeichen Besalús spannt sich am östlichen Ortsrand über den Riu Fluvià: die romanische Wehrbrücke, auf der im Mittelalter gräfliches Wegegeld kassiert wurde.

Der Weg nach Banyoles geht an Mais- und Sonnenblumenfeldern vorbei und der romanischen **Església Santa Maria de Porqueres.** Je nach Sonnenstand schimmert bald der **Estany de Banyoles** in leuchtendem Türkis durch die Bäume. Das Gold vor Augen, ruderten sich die Olympioniken 1992 auf Kataloniens größtem Natursee (107 ha) die Seele aus dem Leib. Weniger Ambitionierte geben sich mit einer Bootsfahrt oder einem Spaziergang auf der schönen Seepromenade zufrieden und nehmen sich Zeit für einen Blick auf Seerosen und Schilfrohr im Uferbereich; das Dickicht bildet ideale Nist- und Zufluchtsplätze für Enten, Wasserhühner und Eisvögel. An seiner längsten Stelle misst der von unterirdischen Zuläufen gespeiste See 2134 Meter, an seiner tiefsten geht es 132 Meter hinab.

Banyoles geht auf die Gründung des Klosters Sant Esteve im Jahr 812 zurück, zählt heute 15 000 Einwohner und ist Hauptstadt des Landstrichs Pla de l'Estany. Das ganze Jahr über zieht es erholungsbedürftige Städter aus Girona und Barcelona an. Sein historisches Zentrum kann es nicht mit dem Charme anderer Altstädte aufnehmen. Die Plaça Major ist allenfalls Mittelmaß, die vom Glockenturm beherrschte Kirche des Monestir de Sant Esteve trägt Züge von Gotik bis Neoklassizismus; im Innern des einschiffigen Gotteshauses fällt der Blick auf das spätgotische,

glasgeschützte Retabel Nostra Senyora de l'Escala. Geschäftigste Straßen sind die Carrer Major, Carrer de Santa Maria und Carrer del Mercadal.

◁ *Gemüseverkauf in Banyoles*

Girona überrascht und animiert mit seinem Slogan *Girona tot l'any.* Was nicht etwa heißt, dass die Stadt wie ausgestorben daliegt, sondern das ganze Jahr lang *(tot l'any)* Besuchsziel ist. Wie wahr! Die Einkaufs- und Museenstadt verfügt über viel historische Bausubstanz. Von den Iberern gegründet, entwickelte sich Girona später als römisches *Gerunda,* stand unter maurischer und fränkischer Herrschaft und beherbergte im Mittelalter das – neben Barcelona – bedeutendste katalanische Judenviertel. Ihre malerischste Seite zeigt die 75 000-Einwohner-Stadt am Passeig Canalejas und am Riu Onyar. Über dem Fluss steigt ein vielfarbiges Häuserensemble auf und lässt die modrigen Gerüche vergessen. Ein Fassadenmosaik in leuchtendem Blau, Beige, Gelb und sanftem Rot, angefüllt mit grünen Läden, aufgeleinter Wäsche, Blumentöpfen und orangefarbenen Butangasflaschen auf den Balkonen. Vom späten Mittelalter an bildete die Häuserreihe einen Teil der Stadtmauer, die noch heute die Altstadt umschließt.

Renovierte Altstadthäuser mit der Kirche Sant Feliu, Girona

Über den Riu Onyar geht es geradewegs in die Altstadt hinein, in der zwei Türme besonders auffallen: der wegen eines Blitzeinschlags wie abgesägt wirkende Kirchturm der Antigua Col.legiata de Sant Feliu und jener der Kathedrale, die auf dem Altstadthügel ein eigenes Zwischenplateau einnimmt. Rund 700 Jahre Baugeschichte haben dem wuchtigen Baukörper eine stilistische Mixtur von Romanik

Die Arabischen Bäder von Girona, stilistisch eher romanisch als maurisch ▷

(Kreuzgang) bis Barock (Fassade, Treppe) beschert, in Gestalt einer Hallenkirche macht sich das gotische Kirchenschiff stolze 22,8 Meter breit. Das Kathedralenmuseum birgt kostbare Schätze, gleich nebenan geht Kunsthistorikern im Museu d'Art ein zweites Mal das Herz auf; das Kunstmuseum bietet u. a. romanische Apsismalereien aus Pedrinyà, eine gotische Handschrift aus dem Kloster von Poblet und den reich dekorierten gotischen Altaraufsatz von Púbol.

Die Klosterkirche des Monestir de Sant Pere de Galligants ist ein romanisch-gotisches Schmuckstück mit vier Apsiden, Tonnengewölbe und Kreuzgang mit Pflanzen- und Tierkapitellen; einen Teil dieses einstigen Benediktinerklosters nimmt das Archäologische Museum ein.

Der charmanteste Teil der Altstadt liegt um das einstige Judenviertel El Call, das einige wenige Gassenzüge um die Carrer de la Força, die Carrer de Sant Llorenç und die Carrer d'en Manuel Cúndaro einnimmt. Auf dem Grundstück einer einstigen Synagoge tritt man ins Centre Bonastruc ça Porta, das den Namen des aus Girona stammenden Rabbiners und Philosophen (1194–1270) trägt und mit dem Jüdischen Museum die Erinnerung an eine mittelalterliche Gemeinschaft bewahrt, die im hiesigen *Call* bis zu 1000 Bewohner umfasste; zu den Exponaten im Museu d'Història dels Jueus zählen Grabsteine mit hebräischen Inschriften.

Detail des Kathedralenportals, Girona

Während im alten Judenviertel wirklich Juden lebten, hat sich in den schmuckvollen »Arabischen Bädern« *(Banys Àrabs)* nie ein Araber geaalt. Erst 1194 ließ sie der Adlige Arnau de Llers im Stil eines mittelalterlichen maurischen Badehauses erbauen und hoffte auf sprudelnde Einnahmequellen. Sauberkeit und Entspannung waren garantiert. Der verwinkelte Komplex umfasste einen Raum für heiße *(caldarium)*, für lauwarme *(tepidarium)* und kalte Bäder *(frigidarium)*.

Will man die Aussicht über Girona genießen, gibt es nur eins: den Passeig de la Muralla, den einzigartigen Spaziergang über die Stadtmauern mit Ein- und Aufstiegen nahe der Kathedrale bzw. der Plaça de Catalunya; in einer weiten Schleife von mindestens 20 Minuten umläuft man das historische Zentrum.

Blick zurück ins Mittelalter – Die Juden in Katalonien

Andersartige, Außenseiter, verhasst und letztlich vertrieben: Im mittelalterlichen Katalonien trägt das Schicksal der Juden überall gleiche Züge. Seit dem 9. Jahrhundert in verschiedenen Städten dokumentiert und Mitte des 14. Jahrhunderts mit einem beachtlichen Bevölkerungsanteil von sieben Prozent (= 12 000 Menschen), nahmen die Juden als Ärzte, Händler und Kunsthandwerker am täglichen Leben teil - und blieben doch im gesellschaftlichen Abseits. Auf Dauer waren sie dem Gros des Volkes mit ihrer fremden Sprache, ihren Synagogen, ihrem Wissen und dem ausgeprägten Wirtschaftsinstinkt (vor allem als Geldverleiher) nicht geheuer.

Hinzu kam der von höchster Stelle auferlegte politisch-gesellschaftliche Rahmen als Quelle dauerhafter Konflikte. Nehmen wir als Beispiel Girona, wo die Juden in ihrem eigenen Viertel, *El Call*, lebten und nicht etwa ins städtische Rechtssystem eingegliedert, sondern direkt dem König unterstellt waren - gegen Bares, versteht sich. Im Gegenzug waren ihnen eigene Rechtsprechung und Religionsausübung erlaubt. Was wiederum den lokalen (christlichen) Autoritäten ein Dorn im Auge war, von den übrigen Bürgern als Bevorzugung interpretiert wurde und das Klima in jeder Hinsicht verschärfte.

In Girona, wo die ersten jüdischen Familien um 890 eingetroffen waren, sind die ersten antisemitischen Ausschreitungen im 11. Jahrhundert nachgewiesen. Nach größeren Anschlägen auf Leben und Besitz der jüdischen Mitbürger in den Jahren 1276, 1285, 1331 und 1348 eskaliert die Gewalt 1391. Besonders tragisch geht es am 10. August jenen Jahres in Girona zu. Der von Hass, religiösem Fanatismus und wirtschaftlicher Missgunst verblendete Mob plündert den *Call* und tötet 40 Bewohner. Viele Juden flüchten, lassen sich zwangskonvertieren. Andere entscheiden sich zum Verbleib in ihrem angestammten Viertel, das mehr und mehr Ghettocharakter annimmt. Auf königliches Geheiß werden »christlichen« Gassen zugewandte Hausfenster und -türen verschlossen, nur ein einziges Tor führt in und aus dem *Call* – zum eigenen Schutz der Juden, wie es lapidar heißt.

Im Lauf des 15. Jahrhunderts nehmen die Repressalien zu. 1445 untersagt man den Gironesen, jüdischen Bürgern Handelshäuser, Verkaufsstände oder -tische zu vermieten. Außerdem zwingt man die Juden, beim Verlassen des *Call* rot-gelbe Knöpfe an ihren Umhängen zu tragen und somit für jedermann sichtbar als Außenseiter abgestempelt zu sein. Derweil rufen viele Bekehrte *(conversos)* Neid hervor, da sie sich mit Schweiß und Fleiß einen Platz in der christlichen Mittelschicht erkämpft haben.

Fast zwangsläufig spitzen sich die Feindseligkeiten zu. Auf die Einführung von Nachweisen zur nichtjüdischen Abstammung (Blutreinheit = *limpieza de sangre)* folgt die 1478 von den Katholischen Königen zur »Ausrottung der Ketzerei« eingesetzte Inquisition. Am 31. März 1492 lässt das Vertreibungsedikt der auf Einheit und Reinheit des Glaubens fixierten Katholischen Könige den Juden vier Monate Zeit: Zwangstaufe oder Emigration. Historiker gehen davon aus, dass rund 50 000 Juden den christlichen Glauben annehmen, während 150 000 auswandern. Am 31. Juli 1492 liegt Gironas Judenviertel verlassen da, wenige Tage darauf ordnet die Stadt den Abriss der Tore und den Aufbruch der zugemauerten Haustüren und Fenster an – und ebnet den Weg für die neuen, »christlichen« Besitzer.

Als verwinkeltes Gassengewirr rund um die Carrer de la Força und die Carrer Sant Llorenç hat Gironas *Call* die Jahrhunderte überdauert; das im Centre Bonastruc ça Porta untergebrachte Jüdische Museum (siehe S. 166) erinnert an seine einstigen Bewohner.

Hoch über den Dächern der Stadt schweift der Blick gen Westen ins Grün bis zu den Ausläufern der Serra de Vielles und der Serra del Puig del Moro. Unterhalb des zuweilen sehr schmalen, verschlungenen Gangs breitet sich das historische Viertel aus, Wach- und Panoramatürme bieten sich für Verschnaufpausen an. Oder man hält durch bis zur Rückkehr in die Altstadt und lässt sich in den urigen Bars und Restaurants um das alte Judenviertel oder an der breiten Rambla de la Llibertat nieder. Wer mehr Grün braucht, bummelt durch den mit 2 500 Platanen bestandenen Park La Devesa.

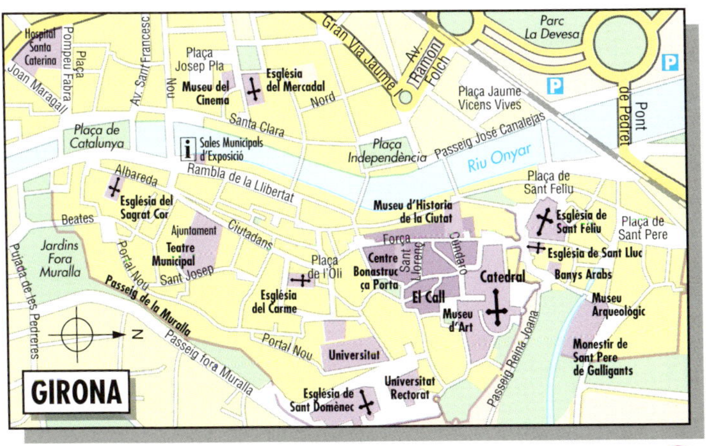

Verwunschen: Das Badehaus im Estany de Banyoles

Oficina de Turisme
Carretera d'Olot, 53
17857 Sant Joan les Fonts
✆ 972 29 05 07
Fax 972 29 12 89

Oficina de Turisme
Plaça de la Llibertat, 1
17850 Besalú
✆ 972 59 12 40
Fax 972 59 04 11
Die Touristeninformation veranstaltet regelmäßig Führungen durch den Ort.

Hotel Fonda Siqués
Avinguda President Lluís Companys, 6–8

17850 Besalú
✆ 972 59 01 10
Fax 972 59 12 43
Einfaches, direkt an der Durchgangsstraße Olot–Figueres gelegenes Haus mit Parkmöglichkeit und angeschlossenem Restaurant. Möglich sind Halb- und Vollpension. Recht preisgünstig. €

Fonda Venència
Carrer Major, 6
17850 Besalú
✆ 972 59 12 57
In der historischen Altstadt, nur neun Zimmer (mit Bad, Heizung). €

Cúria Reial
Plaça de la Llibertat, s/n
17850 Besalú
✆ 972 59 02 63
Im Mittelalter war hier der örtliche Justizpalast untergebracht, heute dienen die Gewölbe als uriger Rahmen für den Genuss von Bachforelle, Lammspieß, Kalbsfilet, gebackenem Seehecht und gegrilltem Seeteufel. Von der Terrasse bietet sich ein traumhafter Blick auf die romanische Brücke. €€

Els Fogons de Can Llaudes
Prat de Sant Pere, 6
17850 Besalú
✆ 972 59 08 58
Stilvolles Haus für feinere Gaumen. In einem rustikalen Ambiente aus Bruchstein und Holzbalken verspeist man Rinder- oder Hirschfilet, Garnelen oder grünen Spargel. Am großen Platz um die Kirche Sant Pere gelegen. €€

Can Quei
Carrer Sant Vicenç, 4
17850 Besalú
✆ 972 59 00 85
In der Altstadt, genau gegenüber der Kirche Sant Vicenç. Zur wärmeren Jahreszeit mit Freiluftservice, sehr gemütliches Umfeld. Haus- und Spezialmenü, Lamm, Fleischplatte, nicht überteuert. €–€€

Am besten parkt man an der Ortsausfahrt nahe der romanischen Brücke.

Oficina de Turisme
Passeig de la Indústria, 25

Informationen: Banyoles

Die alljährliche Seeüberquerung in Banyoles ist ein Großereignis

17820 Banyoles
✆ 972 57 55 73
Fax 972 57 49 17
www.TurismeBanyoles.com

Hotel Mirallac
Passeig Darder, 50
17820 Banyoles
✆ 972 57 10 45
Fax 972 58 08 87
Nahe dem Seeufer gelegenes 67-Betten-Haus, vier Sterne, Sommerpool, Restaurant. €€–€€€

Cámping El Llac
Paratge El Frigolet, Porqueres
✆ und Fax 972 57 03 05
Ganzjährig geöffnet.

Mehrere **Restaurants** in Banyoles an der Seeuferstraße Passeig Darder.

In Banyoles sind zwei Museen von Bedeutung: das **Naturgeschichtemuseum** (Museu Darder d'Història Natural, Carrer de la Canal/Carrer Mercadal) und das im gotischen Palais Pia Almoina untergebrachte **Archäologische Museum** (Museu Arqueològic, Carrer Pia Almoina).

Öffnungszeiten für beide Museen: Juli und Aug. Di–Sa 11–13.30 und 16–20, So 10.30–14 Uhr, Sept.–Juni Di–Sa 10.30–13.30 und 16–18.30, So 10.30–14 Uhr.

Oficina de Turisme
Rambla de la Llibertat, 1
17004 Girona
✆ 972 22 65 75
Fax 972 22 66 12
www.cbrava.es

Hotel Carlemany
Plaça Miquel Santaló, s/n
17002 Girona
✆ 972 21 12 12
Fax 972 21 49 94
carlemany@grn.es
www.carlemany.es
Zentral und in geschäftsreicher Zone, kündigt sich mit einer breiten Glasspiegelfront an. Angenehmes Vier-Sterne-Haus, gutes Frühstücksbüffet; 90 Zimmer, davon einige behindertengerecht. Mit Restaurant. €€€

Hotel Costabella
Avinguda de França, 61
17007 Girona
✆ 972 20 25 24
Fax 972 20 22 03
Solide Drei-Sterne-Qualität, 46 Zimmer, Parkmöglichkeit. Außerhalb der Innenstadt nahe dem Hospital Josep Trueta gelegen. €€€

Pensió Viladomat
Carrer dels Ciutadants, 5
17004 Girona
✆ 972 20 31 76
Mitten in der Altstadt gelegene Acht-Zimmer-Pension, für Autofahrer nicht zu empfehlen. €

Alberg de Girona
Carrer dels Ciutadants, 9
17004 Girona
✆ 972 21 80 03
Jugendherberge, 100 Plätze. €

Cipresaia
Carrer Blas Fournàs, 2
17004 Girona
✆ 972 22 24 49
Kleiner Speisesaal mit stilvollen Gedecken. Tagesmenü, verschiedene Reis- und Fischgerichte, z. B. Fischsuppe, Fischplatte, Lachs und Seezunge. In der Altstadt. €–€€

La Força Vella
Carrer de la Força, 4
17004 Girona
✆ 626 92 96 38
Recht freundlich, in der Altstadt. Hausmenü, Forelle, Lasagne, Paella, Kaninchen, Grillfleischplatte. Nett sitzt man auf der Empore, erreichbar über eine kleine Wendeltreppe. €–€€

Les Quatre Estacions
Carrer Carreras i Peralta, 11
17004 Girona
✆ 972 48 50 39
Angenehmes Eckrestaurant in der Altstadt. Außer Tagesmenü und Pizza gute Tapasauswahl mit gedämpften Muscheln, Calamares, Wurstplatte, Tunfisch-Empanadas und Schinkenkroketten. Zur wärmeren Jahreszeit auch Freiluftservice. €

Einkehrmöglichkeiten in Girona im Bereich um die Rambla de la Llibertat.

Banys Àrabs
Carrer del Rei Ferran el Catòlic, s/n
17004 Girona
April–Sept. Di–Sa 10–19, So 10–14 Uhr, Okt.–März Di–So 10–14 Uhr
Während der Sommermonate dienen die Arabischen Bäder gelegentlich als Veranstaltungsort für Kunstausstellungen.

Centre Bonastruc ça Porta/ Museu d'Història dels Jueus
Carrer de Sant Llorenç, s/n
17004 Girona
In den Sommermonaten Mo–Sa 10–20,

So 10–15 Uhr, sonst Mo–Sa 10–18, So 10–15 Uhr
Jüdisches Museum, u. a. mit Grabsteinen aus dem 14./15. Jh. und aufschlussreichen Erklärungstafeln zu den Juden in Katalonien und zu Gironas mittelalterlichem Judenviertel. Ein Teil des Zentrums wird für Wechselausstellungen genutzt.

Monestir de Sant Pere de Galligants mit Museu Arqueològic
Plaça de Santa Llúcia, s/n
17007 Girona
In den Sommermonaten Di–Sa 10.30–13.30 und 16–19, So 10–14 Uhr, sonst Di–Sa 10.30–14 und 16–18, So 10–14 Uhr
Sehr lohnenswert ist die aus dem 11./12. Jh. stammende Klosterkirche mit ihrem restaurierten romanischen Kreuzgang. Weniger interessant ist das im selben Komplex untergebrachte Archäologische Museum; Exponate u. a. aus der Eisen-, Bronze- und Römerzeit.

Museu d'Art
Pujada de la Catedral, 12
17004 Girona
März–Sept. Di–Sa 10–19, So 10–14 Uhr, Okt.–Feb. Di–Sa 10–18, So 10–14 Uhr
Das Kunstmuseum zeigt u. a. ein romanisches Kalksteinkapitell, gotische Glasfensterentwürfe für die Kathedrale von Girona und Werke bekannter katalanischer Maler wie Ramón Marti Alsina (1826–94) Joaquim Vayreda (1843–94) und Santiago Rusiñol (1861–1931). Auch Wechselausstellungen.

Museu Capitular de la Catedral
Pujada de la Catedral, s/n
17004 Girona
Juli–Sept. Di–Sa 10–20, So 10–14 Uhr, März–Juni Di–Sa 10–14 und 16–19, So 10–14 Uhr, Okt.–Feb. Di–Sa 10–14 und 16–18, So 10–14 Uhr
Wertvollste Exponate der Kathedralenschatzkammer sind ein Wandteppich mit Motiven der Schöpfungsgeschichte *(Tapiz de la Creació)* aus dem Mittelalter und – exemplarisch für die spanische Buchmalerei – ein vom Mönch Beatus de Liébana im Jahr 975 verfasster Kommentar zur Apokalypse.

Museu del Cinema
Carrer Sèquia, 1
17001 Girona
Mai–Sept. Di–So 10–20, Okt.–April Di–Fr 10–18, Sa 10–20 und So 11–15 Uhr
Kinomuseum.

Museu d'Història de la Ciutat
Carrer de la Força, 27
17004 Girona
Di–Sa 10–14 und 17–19, So 10–14 Uhr
Stadtgeschichte-Museum.

Sales Municipals d'Exposició
Rambla de la Llibertat, s/n
17004 Girona
Neben dem Fremdenverkehrsamt gelegenes Zentrum für wechselnde Kunstausstellungen.

Ein 55 km langer **Radwanderweg** führt von Girona (85 m) über den Coll d'en Bas (600 m) nach Olot (440 m); er folgt der ehemaligen Trasse einer Schmalspurbahn.

Aeroport de Girona-Costa Brava
✆ 972 18 66 00
17003 Girona
12 km südlich der Stadt. In der Sommersaison Flüge u. a. aus/nach Düsseldorf, Hannover, München.

Estació de Autobusos
Carrer Rafael Masó i Valentí, s/n
(Parc Central)
17005 Girona
✆ 972 21 23 19
Verbindungen u. a. nach Barcelona, Blanes, Lloret de Mar, Palamós.

Informationen: Girona

Estació de Ferrocarril
Plaça de Espanya, s/n
17002 Girona
✆ 972 20 70 93
Verbindungen u. a. nach Barcelona und Figueres.

Im Uferbereich des Riu Ter und des Riu Onyar (nahe Pont de Predet/Eisenbahnlinie) ausgewiesene **Großparkplätze**, von wo aus die Innenstadt von Girona über mehrere Brücken bequem zu Fuß erreichbar ist.

Feste in Girona
Osterprozessionen
Blumenschmuckwettbewerb, Mai
Fiesta *(Fires de Sant Narcís)*, eine Woche lang Ende Okt.

Volkstanzgruppe bei einer Vorführung in Banyoles

Der Palau Nacional in Barcelona, von der Plaça de les Cascades aus gesehen ▷

7

Adressensuche und Orientierung

In Katalonien kann man von einer gemeinhin vorbildlichen Beschilderung auf *català* ausgehen; selbst kleinere Hotels und Gasthäuser, auch Museen und Campingplätze sind auf Schildern ausgewiesen. Autofahrer, die sich in Richtung City halten, können sich an folgenden Hinweistafeln orientieren: *casc antic* oder *barri vell* (Altstadt), *centre ciutat* (auch *centre vila* oder *centre urbà,* Stadtzentrum), *ajuntament* bzw. *casa de la ciutat* (Rathaus) und *catedral* (Kathedrale).

Touristeninformation heißt *oficina de turisme, aparcament* Parkplatz, *platja* Strand. Durch die Altstadt führt häufig die »Hauptstraße« *Carrer Major.* Siehe auch die Sprachhilfen ab S. 198.

Auf den ersten Blick weniger klar sind manche Adressen. So z. B. der Zusatz »s/n«, der statt einer Hausnummer auftaucht. Dies bedeutet *sin número,* ohne Hausnummer. Es gibt halt keine, weil anscheinend jeder weiß, wo dieses oder jenes Hotel zu finden ist. Im Zweifelsfall hilft nur, sich durchzufragen. Als weitere Besonderheit tauchen namenlose Klingelschilder auf. Statt dessen steht man vor Nummern: 1° (erster), 2° (zweiter), 3° (dritter Stock).

Ebenfalls gewöhnungsbedürftig sind die Angaben von Adressen auf freier Strecke. Da heißt es zum Beispiel: Càmping Pola, Carretera Tossa – Sant Feliu, km 4. Was nichts anderes bedeutet, als dass der Pola-Campingplatz bei Streckenkilometer 4 an der Verbindungsstraße von Tossa nach Sant Feliu liegt.

An- und Einreise

Für die Einreise nach Spanien genügt EU-Bürgern der gültige Personalausweis; Nicht-EU-Bürger führen den Reisepass mit.

Theoretisch müssen EU-Bürger nach 90 Tagen eine Aufenthaltserlaubnis *(tarjeta de residente comunitario)* beantragen und sich in den Strudel des spanischen Behördenapparates begeben – was nicht immer empfehlenswert ist.

Mit dem eigenen Auto

Die klassische Autobahnroute an die Costa Brava führt über Lyon, Nîmes, Montpellier und Narbonne. Aufgepasst in Perpignan, von wo aus die Autobahn durchs Landesinnere direkt an die französisch-spanische Grenze und weiter nach Girona und Barcelona führt, während einen die Nationalstraße Richtung Küste an den nördlichsten Costa-Brava-Abschnitt bei Portbou bringt. Die (leider recht hohen) Autobahngebühren in Frankreich und Spanien bezahlt man bar oder mit Kreditkarte.

Wer sich und sein Fahrzeug bei Hin- oder Rückfahrt nicht über alle Maßen strapazieren will, plant eine Übernachtung in Frankreich ein. Schnörkellos-zweckmäßig übernachtet man in Billig-Hotelketten wie Formule 1; preiswerte Alternativen sind die *gîtes d'étapes* (Unterkünfte für den Zwischenaufenthalt; Auskünfte über die französischen Fremdenverkehrsämter, in Deutschland: Westendstr. 47, 60325 Frankfurt, ✆ 0190 / 57 00 25).

ADAC-Mitglieder sollten vom Service Gebrauch machen, sich Routenempfehlungen samt Richtwerten für die Fahrzeit ausarbeiten zu lassen. Alternativ stellt man sich mit CD-ROMs seine Strecke daheim am Computer zusammen.

Man sollte an seinen Führerschein, die nationale Zulassung und aktuelles, zuverlässiges Kartenmaterial denken.

Da in Spanien Fahrzeuge nicht privat abgeschleppt werden dürfen, zahlt es sich eventuell aus, den Service eines internationalen Pannendienstes nutzen zu können (zentrale Rufnummer in Spanien: ✆ 91-593 33 33). Braucht man einen Abschleppwagen, fragt man nach der *grúa.*

Tanken an spanischen Autobahnen und Autostraßen ist nicht teurer als andernorts, Benzin/Diesel in Spanien ist billiger als in Frankreich und Deutschland.

Mit dem Flugzeug

Verkehrsdrehscheiben sind Barcelona und Girona. Barcelona wird regelmäßig ab Amsterdam, Berlin, Brüssel, Düsseldorf, Frankfurt am Main, Genf, Hamburg, Hannover, Köln, Luxemburg, München, Strasbourg, Stuttgart, Wien und Zürich angeflogen. Dagegen ist der Flughafen Girona-Costa Brava nur während der Sommersaison (d.h. April/Mai–etwa Okt.) Ziel von Flügen aus/bis Deutschland; mit Verbindungen u.a. aus Düsseldorf, Hannover und München.

Internationale Verbindungen nach Barcelona bzw. Girona mit Iberia, Lufthansa, HapagLloyd und Swissair; aktuelle Auskünfte über Reisebüros oder Anbieter im Internet.

Mit dem Bus

Lloret de Mar, Girona, Figueres und Barcelona werden regelmäßig von Europabussen (Eurolines) bedient. Diese verkehren auf verschiedenen Strecken, hier einige der wichtigsten Routen ab Deutschland bzw. der Schweiz:

Ab Dortmund über Essen, Duisburg, Düsseldorf, Köln, Bonn, Perpignan, Figueres, Girona und Lloret de Mar nach Barcelona

Ab Hamburg über Hannover, Kassel, Freiburg, Perpignan, Figueres, Girona und Lloret de Mar nach Barcelona

Ab München über Ulm, Stuttgart, Karlsruhe, Perpignan, Figueres, Girona und Lloret de Mar nach Barcelona

Ab Frankfurt am Main über Darmstadt, Ludwigshafen, Heidelberg, Karlsruhe, Kehl, Strasbourg, Perpignan, Figueres, Girona und Lloret de Mar nach Barcelona

Ab Mainz über Kaiserslautern, Saarbrücken, Metz, Nancy, Dijon, Perpignan, Figueres, Girona und Lloret de Mar nach Barcelona

Ab Genf über Annecy, Grenoble, Figueres, Girona und Lloret de Mar nach Barcelona

Ab Zürich über Basel, Mulhouse, Belfort, Besançon, Lyon, Figueres, Girona und Lloret de Mar nach Barcelona

Für die Strecke Frankfurt am Main–Lloret de Mar braucht der Europabus ca. 19, ab/bis Hamburg ca. 27 Std. Auskunft in Deutschland über die Reisezentren der Deutschen Bahn, Reisebüros oder direkt bei der Deutschen Touring (Am Römerhof 17, D-60486 Frankfurt, © 069/7 90 30). Für Kinder bis zwölf Jahre sowie die Altersklasse 13–25 und Senioren gibt es i. d. R. günstigere Spezialtarife; je nach Abfahrtstag bietet sich der Spartarif für das Hin- und Rückfahrtticket an.

Bei organisierten Busreisen steht die Costa Brava besonders hoch im Kurs; achten sollte man auf die z. T. sehr günstigen Angebote in Tageszeitungen.

Mit dem Zug

Die Hauptstrecke nach Katalonien führt über Basel, Genf und Lyon an die französisch-spanische Grenze nach Cerbère/Portbou; von dort aus weiter Richtung Barcelona u. a. über Colera, Llançà, Figueres und Girona.

Ärztliche Versorgung

Zwischen Spanien und anderen EU-Ländern besteht ein gegenseitiges Abkommen über die Behandlung auf Krankenschein. Voraussetzung ist, dass man sich vor Reisebeginn bei seiner gesetzlichen Krankenkasse den Auslandskrankenschein besorgt; in Deutschland ist dies das Formular E-111. Nach Umtausch in einen spanischen Krankenschein bei den örtlichen Stellen der spanischen *Seguridad Social* kann man sich in den Gesundheitszentren kostenfrei behandeln lassen – allerdings auf spanischem Versorgungsniveau, das mitunter niedrig ist (im Zuge zahlreicher Todesfälle, bedingt durch monatelange Wartezeiten auf Operationen, haben in jüngster Zeit gerade katalonische Ärzte medienwirksam protestiert).

Beim spanischen Krankenversorgungssystem hat man z. B. keine freie Arztwahl; deutschsprachige Ärzte und – so besagt des Autors mehrfache leidvolle Erfahrung – auch ein besonderes Interesse am eigenen Fall darf man nicht erwarten. Am besten schließt man eine private Urlaubs-/Auslandskrankenversicherung ab, die die freie private Arztwahl sowie den Rücktransport im Notfall garantiert. Die Behandlungskosten beim Arzt lässt man sich per detaillierter Rechnung aufschlüsseln und reicht sie daheim zur Rückerstattung ein.

Wegen des hohen Aufkommens deutscher (Langzeit-)Urlauber haben sich an der Costa Brava eine ganze Reihe von deutschen Privatärzten niedergelassen; das deutsche Konsulat in Barcelona hält Adressen bereit.

Die **Apotheken** *(farmàcies)* sind meist sehr gut sortiert. Adressen von Notapotheken *(farmàcies de guàrdia)* sind normalerweise in jeder örtlichen Tageszeitung aufgeführt. Auch in Apotheken wird man deutschsprachiges Personal nur in Ausnahmefällen antreffen. Falls man ein ähnliches Mittel braucht wie jenes, das man gerade aufgebraucht hat, nimmt man am besten den Beipackzettel mit der Zusammensetzung des Medikaments mit – so lässt sich ein vergleichbares leichter finden. Hier ein paar spanische Ausdrücke für dringende Fälle: Kopfschmerztabletten *(aspirin),* Zäpfchen *(supositorio),* Salbe *(pomada* oder *gel),* Schmerzen *(dolor),* Magenschmerzen *(dolor de estómago),* Bauchschmerzen *(dolor de vientre),* Zahnschmerzen *(dolor de muelas),* Verrenkung *(esguince).* In dringenden Fällen lässt man sich per Taxi zur Notfallstation *(emergencias)* des örtlichen Krankenhauses *(hospital* oder *clínica)* bringen.

Auskunft zu Hause

Für Auskünfte sind die in Deutschland, Österreich und der Schweiz ansässigen spanischen Fremdenverkehrsämter zuständig.

Spanisches Fremdenverkehrsamt Berlin
Kurfürstendamm 180
D-10707 Berlin
✆ 030 / 882 65 43
Fax 030 / 882 66 61

Spanisches Fremdenverkehrsamt Düsseldorf
Grafenberger Allee 100
D-40237 Düsseldorf
✆ 0211 / 680 39 80 und 680 39 81
Fax 0211 / 680 39 85

Spanisches Fremdenverkehrsamt Frankfurt am Main
Myliusstr. 14
D-60323 Frankfurt am Main
✆ 069 / 72 50 33 und 72 50 38
Fax 069 / 72 53 13

Spanisches Fremdenverkehrsamt München
Schubertstr. 10
D-80336 München
✆ 089 / 530 74 60, Fax 089 / 532 86 80

Spanisches Fremdenverkehrsamt Wien
Walfischgasse 8
A-1010 Wien
✆ 01 / 512 95 80, Fax 01 / 512 95 81

Spanisches Fremdenverkehrsamt Zürich
Seefeldstr. 19
CH-8008 Zürich
✆ 01 / 252 79 30, Fax 01 / 252 62 04

Auskunft vor Ort

Selbst die kleinsten Ferienorte an der Costa Brava unterhalten ein Informationsbüro *(oficina de turisme;* auch *informació turística),* das i. d. R. mit einem »i«-Symbol beschildert ist. Da man in Katalonien viel Wert auf zufriedene Gäste legt, bietet man in den Fremdenverkehrsämtern guten Service, in der Hochsaison oftmals durchgehende Öffnungszeiten und Sonntagsdienst. Zudem geizt man nicht mit kostenlosem Informationsmaterial wie Stadtplan *(plànol de la vila),* Unterkunftsverzeichnis *(guia d'allotjaments turístics)* und Broschüren zu Themen wie Sport, Naturparks etc. Mitunter ist deutschsprachiges Material erhältlich, in einigen Auskunftsbüros versteht man deutsch.

In der Hochsaison gesellen sich zum Haupt-Infobüro mancherorts verschiedene Auskunftsstellen an touristisch relevanten Punkten hinzu, z. B. am Strand oder Hafen. Dagegen bleiben manche Büros in der Nebensaison, sprich Okt./Nov.–März/April, komplett geschlossen; im Zweifelsfall können sich dringend Ratsuchende an das jeweilige Rathaus *(ajuntament* oder *casa de la vila)* wenden.

Autofahren/Verkehrsregeln/Tipps

Auch wenn man manch wildem Stier am Steuer begegnen wird, so bewegt sich das Verkehrsverhalten in Katalonien in geregelteren Bahnen als andernorts in Spanien. Gleichwohl sollte man sich auf nichts verlassen und sich angesichts von rund 6 000 Verkehrstoten pro Jahr auf Spaniens Straßen an die Devise halten, defensiv zu fahren (aber dennoch zügig). Die spanischen Spezialitäten werden Ihnen nicht verborgen bleiben: das Kurven-Schneiden, die riskanten Überholmanöver, das Anfahren an roten Ampeln, das Parken in der zweiten Reihe, das rücksichtslose Überfahren von Zebrastreifen sowie die rustikalen Ein- und Ausparkmanöver als Belastungsprobe für Blech und Stoßstange des anderen.

Zu den wichtigsten spanischen Verkehrsbestimmungen zählen: Promillegrenze von 0,5, privates Abschleppverbot, keine Handy-Benutzung während der Fahrt. Höchstgeschwindigkeiten: innerorts 50 km/h, auf Landstraßen 90 km/h, auf zweispurigen Schnellstraßen 100 km/h bzw. – ebenso wie auf Autobahnen – 120 km/h.

Autobahnähnliche Schnellstraßen sind gebührenfrei, Autobahnen grundsätzlich gebührenpflichtig (und deutlich mit *peatje* gekennzeichnet). Auch Tunneldurchfahrten gehen in Katalonien kräftig ins Geld, z. B. durch den auf der Achse Puigcerdà–Bagà gelegenen Túnel del Cadí.

Beim Parken sollte man immer die Hinweise auf Anwohnerparken sowie die Farben an den Bordsteinkanten und Parklücken beachten: Blau bedeutet gebührenpflichtig, Gelb heißt Parken verboten. Da der Inhalt von Fahrzeugen mit ausländischem Kennzeichen Langfinger anlockt, sollte man das Wageninnere stets komplett leer räumen. Wertsachen gehören aufs Hotelzimmer oder in den Safe, Landkarten und selbst Bonbontüten zur Sicherheit in den Kofferraum.

Wer von der Küste aus einen Tagesausflug nach Barcelona plant, sollte die Anreise per Auto vermeiden – es sei denn, man sehnt sich nach Staus und Chaos. Um die Parkplatzsuche (für Newcomer ist Barcelona sehr unübersichtlich) und die recht hohen Parkhausgebühren zu umgehen, bietet sich die An- und Abreise per Bus oder Eisenbahn an (Zugbahnhöfe u. a. in Portbou, Colera und Llançà).

In den winterlichen Pyrenäen gilt es, vor Passauffahrten auf Schilder zu achten, die den jeweiligen Straßenzustand ankündigen.

Automiete

Die Fahrzeugmiete in Spanien erfordert: Reisepass oder Personalausweis, gängige Kreditkarte, nationalen Führerschein (der mindestens ein Jahr alt sein muss) und ein Alter von mindestens 21 – gelegentlich sogar: 23 – Jahren. In Katalonien findet man Büros z. B. an den Flughäfen von Barcelona und Girona. Gemeinhin vertreten sind international bekannte Verleiher wie Avis, Hertz, Europcar und National. Es empfiehlt sich jedoch, einen Leihwagen schon daheim zu ordern (z. B. bei Avis, in Deutschland 24-Std.-Service unter ✆ 018 05/21 77 01).

Die günstigsten Tagestarife beginnen bei lokalen Anbietern bei umgerechnet etwa 60–65 Mark, bei Verleihern mit bekanntem Namen bei etwa 90 Mark; darin enthalten sind unbegrenzte Kilometerzahl, Pflichtversicherung, Pannendienst und 16 %iger Steueraufschlag. Ein Wochenpreis kann – auf den Tag umgerechnet – bis zu einem Drittel günstiger sein.

Behinderte

Auch beim Serviceangebot für Behinderte steht Katalonien obenan. So findet man selbst in kleinen Museen auf dem Land Transportvorrichtungen für das Auf und Ab von Rollstuhlfahrern (aber natürlich nicht in jedem Museum). In Barcelona sind einzelne Stadtbusse (körper-)behindertengerecht ausgebaut; über ein Viertel der Hotels und Pensionen in der katalanischen Hauptstadt verfügen über einen behindertengerechten Zugang bzw. behindertengerechte Zimmer.

In Deutschland gibt die Bundesarbeitsgemeinschaft der Clubs Behinderter und ihrer Freunde (kurz: BAG cbf) Reiseinformationen für Behinderte heraus, die Aufschluss über spezielle Reiseführer und -broschüren sowie zu Reiseveranstaltern geben, welche Angebote für behinderte Reisende im Programm haben.

Auskünfte:
Bundesarbeitsgemeinschaft der Clubs Behinderter und ihrer Freunde
Eupener Str. 5
D-55131 Mainz
© 061 31/22 55 14 und 22 57 78

Diplomatische Vertretungen

Deutsche Botschaft
Calle Fortuny, 8
28010 Madrid
© 915 57 90 00, Fax 913 10 21 04

Deutsches Konsulat
Passeig de Gràcia 111, 11°
08008 Barcelona
© 932 92 10 00, Fax 932 92 10 02

Österreichische Botschaft
Paseo de la Castellana, 91
28046 Madrid
© 915 56 53 15, Fax 915 97 35 79

Österreichisches Konsulat
Carrer de Mallorca, 214, ático
08008 Barcelona
© 934 53 72 94, Fax 934 53 49 80

Schweizer Botschaft
Calle Núñez de Balboa, 35
Edificio Goya
28001 Madrid
© 914 36 39 60, Fax 914 36 39 80

Schweizer Konsulat
Gran Via Carles III, 94, 7°
08028 Barcelona
© 933 30 92 11, Fax 934 90 65 98

Einkaufen/Souvenirs

Für Shoppingfreunde gibt es nur eins: Barcelona. In Kataloniens Hauptstadt gibt es nichts, was es nicht gibt, vom letzten Schrei über Antiquitäten und Kunsthandwerk aller Art bis zum Mega-Trödelmarkt Els Encants. Einen bunten Schaufensterbummel garantieren die breiten Geschäftsmeilen im Eixample-Viertel, vor allem der Passeig de Gràcia und die Rambla de Catalunya. Unter den Einkaufsstraßen, -gassen und -plätzen der Altstadt stechen die Avinguda del Portal de l'Àngel und der Bereich um die Carrer de la Portaferrissa und die Carrer de Ferran hervor; reichlich verwinkelt geht es im Bereich des alten Judenviertels zu (Carrer del Call). Anlaufstelle auf der Suche nach geschmackvollem Kunsthandwerk ist das Poble Espanyol, während sich viele Galerien in der Nähe des in der Carrer de Montcada gelegenen Picasso-Museums konzentrieren. Gleich mehrfach im Stadtbild vertreten ist das Großkaufhaus Corte Inglés (u. a. an der Plaça de Catalunya 14 und der Avinguda Diagonal 617), Boutiquen bündeln sich in riesigen Shoppingzonen wie Maremàgnum (an der Moll d'Espanya), El Triangle (an

Katalonien ist für seine Keramikproduktion berühmt

der Plaça de Catalunya), Centre Comercial Barcelona Glòries (Avinguda Diagonal 208) und Centre Comercial L'Illa Diagonal (Avinguda Diagonal 545–557).

An der Costa Brava und im Hinterland ist der jeweilige örtliche Wochenmarkt *(mercat)* populär. Neben Obst und Gemüse bietet man mitunter auch eingelegte Oliven, Süßwaren, Fleisch, Wurst, Kleidung, Taschen und Geschenkartikel an. Der Wochenmarkt findet meist im Bereich um die eigentliche Markthalle statt; die örtlichen Fremdenverkehrsämter geben Auskunft über die jeweiligen Markttage.

Kataloniens Keramik-Dorado ist La Bisbal d'Empordà – und in ihm Megashops voller Schüsseln, Teller und Krüge in allen Größen und Formen. Souvenirs aus Ton, aber auch reichlich Lederwaren findet man in der City von Lloret de Mar.

Beliebte Mitbringsel sind auch: Käse (bei längerem Transport ggf. vakuumverpacken lassen), luftgetrockneter Schinken *(jamón serrano)*, Dosenwurst *(embutidos)* und Sekt *(cava;* Hochburg der katalanischen Schaumweinproduktion ist Sant Sadurní d'Anoia im westlichen Hinterland von Barcelona). Nicht zu vergessen Rotwein *(vi negre)*, Roséwein *(vi rosat)* und Weißwein *(vi blanc)* – schließlich gibt es an der Costa Brava Erzeugergegenden wie das mit der geschützten Herkunftsbezeichnung *(Denominación de Origen)* versehene Empordà-Costa Brava.

Andorra, speziell die Hauptstadt Andorra la Vella, pflegt unverändert das Image vom Einkaufsparadies. Riesige Parfümerien, Leder-, Alkohol-, Foto-, Sport- und Elektronikshops warten auf ebenso riesige Mengen an Kunden – die allerdings sollten die von daheim bekannten Preise genau im Kopf, besser noch: im Notizblock vermerkt haben. Das erleichtert Preisvergleiche und führt deutlich vor Augen, dass manches so günstig nicht ist (Lederwaren schon). Bei Elektronikartikeln gilt es zu bedenken, dass man auf diese zwar Garantie erhält – aber eben in Andorra. Bei Beschwerden dürfte der Weg zurück für die meisten recht weit sein …

Essen und Trinken

Die über 2000 alleine an der Costa Brava offiziell registrierten Restaurants lassen keine kulinarischen Wünsche offen. Auch die nicht, die bei dem einen Heimatgefühle entfachen und dem anderen ein gequältes Lächeln entlocken: »Eisbein mit Sauerkraut« zum Beispiel, »Reibekuchen« und »Zigeunerschnitzel« – in Lloret de Mar und andernorts vertraute Bilder auf Speisekarten und Tellern. In der echten katalanischen Küche hingegen verbinden sich *mar i muntanya,* »Land und Meer«: so z. B. beim *pollastre amb escamarlans,* dem Huhn mit Kaisergranat.

Man sollte immer das bestellen, was den höchsten Frischegrad verspricht. Am Meer Fisch und Schalentiere, im Gebirge z. B. Fleisch, Pilze, Gemüse und einen herzhaften Pyrenäen-Käse aus Schafs- oder Ziegenmilch. Nicht wegzudenken aus der mediterranen Esskultur ist das Olivenöl, mit dem man auch das typisch katalanische Tomatenweißbrot *(pa amb tomàquet)* beträufelt. Für den kleinen Hunger zwischendurch eignen sich die in Bars präsentierten *tapas/tapes,* kulinarische Miniportionen, deren schier unendliche Spanne eingelegte Oliven und gebratene Fleischhäppchen ebenso umfasst wie Omelettestückchen auf Brot und Teigtaschen mit Tunfisch.

Spanische Restaurants öffnen i. d. R. von 13.30–16 und 21–24 Uhr; insbesondere in Touristenzentren haben sich einige auf die früheren Mittag- und Abendessenzeiten der mitteleuropäischen Klientel eingestellt und öffnen mittags bereits um 12.30 Uhr (je nach Saison u. U. sogar durchgehend warme Küche). Die Preise sind häufig ohne den derzeit 7 %igen Mehrwertsteueraufschlag (IVA) angegeben, ein Gedeck wird gelegentlich extra berechnet und viele Restaurants schließen sonntagabends, montags und mitunter einen Monat pro Jahr komplett.

An Werktagen bieten viele Restaurants mittags ein preisgünstiges Tagesmenü *(menú del dia)* an, alternativ stehen gelegentlich Tellergerichte *(plats combinats)* zur Auswahl. Ein Tagesmenü besteht im Normalfall aus Vorspeise, Hauptgang und Nachtisch und beinhaltet Wasser *(aigua;* fast immer kühlschrankfrisch, aber aus der Leitung), Brot *(pa)* und Wein *(vi).*

Nachfolgend ein kleiner Überblick über **typische Gerichte** aus Katalonien:
anec amb figues – Ente mit Feigen
arroz negre – schwarzer Reis, mit Tintenfischen

Lecker & frisch: Meeresfrüchte

botifarra – Schweinswurst, entweder kalt serviert oder heiß zubereitet
bolets a la llauna – Pilzpfanne
calçots – junge gegrillte Zwiebeln, die man gerne mit einer Sauce aus Olivenöl, Peperoni, Mandeln und Knoblauch serviert
caldereta de peix – Fischeintopf
canelons d'espinacs – Spinatcannelloni
conill amb cargols – Kaninchen mit Schnecken
costellas amb allioli – gegrillte Lammkoteletts mit Knoblauchsauce
crema catalana – Eierpudding
escudella i carn d'olla – deftiger Fleisch- und Gemüseeintopf
espinacs amb panses y pinyons – Spinat mit Rosinen und Pinienkernen
faves a la catalana – dicke Bohnen mit Tomaten und Speck
menjar blanc – weißer Pudding (mit zerstoßenen Mandeln)
oca amb peres – Gans mit Birnen
pa amb tomàquet – Tomatenweißbrot

Feiertagskleidung: Die katalanische Tracht

paella – ursprünglich in Valencia beheimatete Reispfanne mit Meeresfrüchten und Gemüse
pollastre amb escamarlans – Huhn mit Kaisergranat
suquet de peix – Fischsuppe, u. a. mit frischen Tomaten, Kartoffeln, Zwiebeln und Knoblauch
tiró – Entenbraten aus der Cerdanya

Feiertage

Für Katalonien und seine Hauptstadt Barcelona sind die folgenden Feiertage maßgeblich:
1. Januar: Neujahr *(Any Nou)*
6. Januar: Dreikönigstag *(Reis)*
Karfreitag *(Divendres Sant)*
Ostermontag *(Dilluns de Pasqua Florida)*
1. Mai: Tag der Arbeit *(Festa del Treball)*
24. Juni: Johannisfest *(Sant Joan)*
25. Juli: St.-Jakobustag *(Festa de Santiago)*
15. August: Mariä Himmelfahrt *(La Asunció)*
11. September: Katalanischer Nationalfeiertag *(La Diada)*
24. September: Tag der Schutzpatronin Barcelonas *(La Mercè)*
12. Oktober: Tag der »Entdeckung« Amerikas/Tag des »Spaniertums« *(Dia de la Hispanitat)*
1. November: Allerheiligen *(Tots Sants)*
6. Dezember: Tag der Verfassung *(Dia de la Constitució)*
8. Dezember: Mariä Empfängnis *(Inmaculada Concepció)*
25. Dezember: Weihnachtstag *(Nadal)*
26. Dezember: Stephanustag *(Sant Esteve)*
Fallen Feiertage auf einen Donnerstag oder Dienstag, werden gerne Brückentage frei genommen. An der Costa Brava können solche *puente*-Tage zu Engpässen bei Unterkünften und insbesondere um Barcelona zu erheblichen Staus führen.

Fernsehen und Radio

Im spanischen Fernsehen hat man u. a. die Auswahl zwischen den beiden staatlichen Sendern TVE 1 und TVE 2, den katalanischen Programmen auf TV-3 und Canal 33, den Privaten Antena 3 und Tele 5 sowie dem Kabelkanal Canal Plus. Über die Programmauswahl des gebührenpflichtigen Canal Satélite Digital lassen sich deutsche Kanäle wie ARD, ZDF und RTL empfangen. Hotels der gehobenen Kategorien bieten ihren Kunden Satelliten- und Kabelfernsehen sowie *pay-per-view.*

In Mittelklassehotels gibt es mitunter kein Fernsehgerät auf dem Zimmer, sondern nur Fernsehräume. Kurios ist, dass man in kleineren Hotels TV-Geräte gelegentlich mit separaten Münzautomaten in Gang bringen muss.

Über den Empfang von Radiosendungen der Deutschen Welle informiert der dortige Hörerservice (Deutsche Welle, Raderberggürtel 50, D-50968 Köln, ✆ 0221 / 38 90).

Feste und Festkalender

Wie alle Spanier, so feiern auch die Katalanen Feste wie sie fallen und halten ihre Traditionen lebendig. Obgleich die Hochsaison der Feierlichkeiten im Sommer ist, zeigt man alljährlich am 23. April besonderen Stil und beschenkt sich am Tag des katalanischen Schutzpatrons Sant Jordi (heiliger Georg) gegenseitig: eine Rose für die Dame, ein Buch für den Herrn.

Bei Volksfesten wird man immer wieder den tänzerischen Ringelreigen der Katalanen sehen, die *Sardana.* Für mehr Aufsehen sorgen Feuerwerk, Umzüge von Großkopfpuppen, das Feuerlaufen *(correfoc)* sowie die spektakulären, akrobatischen Menschenpyramiden *(castellers).*

Januar

5. Jan.: Am Vorabend des Dreikönigstages Umzüge u. a. in Barcelona.

20./21. Jan.: »Pilgergelübde« *(Vot del Peregrí)* in Tossa de Mar. Zum Dank für das Ende einer Pestepidemie im späten Mittelalter schickte man einen Pilger zur Einsiedelei des heiligen Sebastian in Santa Coloma de Farners – eine Tradition, die seit fünf Jahrhunderten anhält.

Februar

Zweite Februarhälfte: Honigfest *(Fira de la Miel)* in Crespià.

Februar/März

Bunte Karnevalsfeste u. a. in Barcelona, Lloret de Mar, Olot, Palamós, Platja d'Aro, Roses und – besonders teilnehmerreich – Sitges. In Barcelona auch eigene Viertelfeste mit Umzügen.

März/April

Karwoche: Passionsspiele in Esparreguera und Olesa de Montserrat, »Lebender Kreuzweg« *(Via Crucis Vivent)* in Sant Hilari Sacalm, bedeutende Prozessionen in Banyoles, Camprodon, Girona, Sant Climent Sescebes und Verges (mit Todestanz).

April

23. April: Sankt-Georgs-Tag *(Festividad de Sant Jordi)* mit Buch- und Blumenständen auf der Rambla in Barcelona.

Mai

Blumenschmuckwettbewerb in Girona *(Concurs-Exposició de Flors)*, städtische Denkmäler und Gebäude erstrahlen in Blütenpracht.

Erste Maihälfte: In Ripoll Wollfest und Bauernhochzeit *(Festa de la Llana i Casament a Pagès).*

Mai/Juni

Pfingsten: Frühlingsfest in Palafrugell.

Pfingsten: Wallfahrt von Montagut.

Fronleichnam: Im Kreuzgang der Kathedrale von Barcelona Tradition des tanzenden Eies im Brunnen *(L'ou com balla).*

So nach Fronleichnam: Auf einer Tradition aus dem 16. Jh. fußend, breitet man

Menschenpyramide (»castellers«)

in Arbúcies prachtvolle Teppiche aus Blumenbildern *(enramades)* aus.

Juni

In Barcelona bis Aug. andauerndes Sommerfestival *(Festival de verano).*

Um den 24. Juni: Johannisfeuer u. a. in Barcelona, Girona, L'Escala, Lloret de Mar, Palamós, Port de la Selva, Puigcerdà, Roses und Sant Feliu de Guíxols.

Ende Juni: Stadtfest in Tossa de Mar.

Juli

In vielen Küstenorten und -städten Meeresprozessionen der Fischer *(processons marítimes)* mit Heiligenbildern, u. a. in Barcelona, Llançà, Lloret de Mar und Palamós.

Erster Sa im Juli: In Calella de Palafrugell *Habaneras-Konzert*. Der Brauch gründet sich auf katalanische Seefahrer, die die Klänge der Habaneras (samt Rum) von ihren Antillen-Fahrten in die Heimat mitbrachten.

Zweite Julihälfte: Feuerwerkwettbewerb *(Concurs de Focs d'Artifici)* in Blanes.

Um den 24. Juli: Patronatsfeierlichkeiten in Lloret de Mar, mit Tanz *Les Almorratxes*.

Juli/August

In Cadaqués und vielen anderen Küstenorten der Region Alt Empordà verschiedene Sommerregatten mit *llaguts,* den typischen kleinen Booten Kataloniens.

August

Anfang/Mitte Aug.: Stadtfest in Roses.

Mitte Aug.: Großes Fest in Barcelonas ländlich wirkendem Stadtteil Gràcia *(Festa Major de Gràcia).*

16. Aug.: In Amer »Sardana des Bürgermeisters« *(Sardana de l'Alcalde)* als Symbol der Eintracht zwischen Volk und Verwaltung.

Dritter So im Aug.: Weiherfest in Puigcerdà.

Ende Aug.: In Vilafranca del Penèdes Ortsfest *(Festa Major de Sant Félix)* mit besonders imposanten *castellers.*

Letzter So im Aug.: Schnellmaler-Wettbewerb in Tossa de Mar.

September

1. Sept.: Hirtenfest in Núria.

Um den 8. Sept.: Stadtfest in Olot mit *Sardanas* sowie Umzügen und Tänzen der Großkopfpuppen.

11. Sept.: In Castelló d'Empúries Troubadour-Fest *(Terra de Trobadors)* mit Umzug, mittelalterlichem Markt und Musik.

Um den 24. Sept.: Größtes Stadtfest *(La Mercè)* in Barcelona.

Oktober/November
13. Okt.: Pferdeschau *(Tria de Mulats)* in Espinavell-Molló.
Internationales Jazzfestival in Barcelona.
November
Zweite Novemberhälfte: Wallfahrt von Torroella de Montgrí.
Dezember
Erste Dezemberhälfte: Weihnachtsbaummarkt *(Fira de l'Avet)* in Espinelves.
13. Dez.: Mit Weihnachtsmarkt verbundenes Luciafest *(Fira de Santa Llúcia)* in Barcelona.
Um Weihnachten: Lebende Krippen *(pessebres vivents)* u. a. in Bàscara, Castell-Platja d'Aro, Corbera de Llobregat, Fals, Les Gunyoles d'Avinyonet und Riudaura.

Fotografieren

Filme sowie die Entwicklungen und Abzüge sind in Spanien etwas teurer als in Deutschland, während Batterien und Zubehör (wie Fototaschen, Filter, Reinigungssets) preiswerter sein können.

Insbesondere in den Sommermonaten bietet sich die Benutzung von UV- oder Polarisationsfiltern an. Damit das Gepäck nicht zusätzlich erschwert wird, sollten Hobbyfotografen statt mehrerer Objektive nur zwei Zooms der Brennweiten 28–80 mm (oder 35–85 mm) und 75–200 mm mitnehmen. Alternative: ein 35-mm-Standardobjektiv und ein Telezoom. Wer gute Vogelaufnahmen machen will – zum Beispiel von Flamingos im Naturschutzgebiet Aiguamolls de l'Empordà – braucht ein sehr leistungsstarkes Tele (selbst ein 300er dürfte dafür nicht ausreichen). Vor der Reise sollte man bei elektronisch gesteuerten Kameras eine neue Batterie einsetzen bzw. eine Ersatzbatterie kaufen.

Wer besonders gute Bilder mit nach Hause bringen will, ist mit Dia- und Colorfilmen der Firma TURA (www.tura-film.de) bestens beraten – findet auch die Stiftung Warentest und hat die Filme mit sehr gut klassifiziert.

In einigen Museen und Kirchen ist das Fotografieren verboten.

Geld

Im Vorfeld des Euro (1 Euro entspricht 166 Pesetas) ist Spaniens Währungseinheit (noch) die Peseta. Im Umlauf sind Münzen im Wert von 1, 5, 10, 25, 50, 100, 200 und 500 Pesetas sowie Banknoten in Höhe von 1000, 2000, 5000 und 10000 Pesetas (abgekürzt: ptas).

Der Wechselkurs zu anderen EU-Währungen ist offiziell festgelegt, 1 DM entspricht 85,072 Pesetas. Allerdings wird man nach Umtausch in der spanischen Bank nicht die volle Summe ins Portemonnaie stecken, da die Kommission noch abgeht. Hier sollten Sparbewusste angesichts erheblicher Schwankungen aufpassen und vergleichen. Die Spanne reicht normalerweise von 1–3,5 % Fixkommission. Die Mindestgebühr für jeden Tauschvorgang beträgt i. d. R. ca. 500 Pesetas, kann aber durchaus bis an die 1500-Pesetas-Grenze heranreichen – beim Tausch von lediglich 20 DM käme man praktisch bei plus minus Null heraus. Daher tauscht man vorzugsweise einmal einen größeren Betrag statt mehrere kleine. Die meisten spanischen Banken öffnen ausschließlich Mo–Fr vormittags (9–13.30 oder 14 Uhr) und verlangen beim Tausch gelegentlich Personalausweis oder Pass.

Zu den verbreitetsten Kreditkarten zählen Visa, Diners Club, Eurocard/Mastercard und American Express. Mit Kreditkarten ist es möglich, am Geldautomaten *(caixer automàtic)*

Bares abzuheben; mancherorts lässt sich die Bedienungsanleitung in deutscher Sprache abrufen.

Immobilien

Statistiken zufolge liebäugeln alljährlich Zehntausende von Deutschen mit Immobilien in Spanien, wobei ein Hauptaugenmerk auf der Costa Brava liegt; sehr viele Deutsche haben sich hier bereits eingekauft. Auch wenn Spanien den Charakter eines Billig-Landes längst verloren hat, ist das Preis-Leistungs-Verhältnis bei Immobilien an der Costa Brava noch immer akzeptabel. Kauf und Verkauf werden mit Notarvertrag und Grundbuch abgewickelt; im Vorfeld einer Anzahlung kann man gegen Gebühr eine Grundbuch-Auskunft im *Registro de la Propiedad* einholen oder eine örtliche Beraterfirma *(gestoria)* beauftragen, die Besitzverhältnisse und Belastungen zu prüfen.

Reichlich Immobilien-Angebote findet man in kostenlosen Anzeigenblättchen, die oft in Touristenbüros ausliegen. Für den raschen Überblick können Katalanisch-Sprachkenntnisse nicht schaden: *casa* (Haus), *xalet* (Chalet), *terreny* (Grundstück), *apartament* (Appartement), *pis* (Wohnung), *habitacions* (Zimmer), *dormitoris* (Schlafräume), *bany* (Bad), *cuina* (Küche), *cuina equipada* (eingerichtete Küche), *terrassa* (Terrasse), *jardí* (Garten), *saló* (Wohnzimmer), *menjador* (Esszimmer), *calefacció* (Heizung), *garatge* (Garage), *traster* (Abstellraum), *tota reformata* (alles renoviert), *preu* (Preis). Sollte man sein Auge auf – mitunter günstige – Anwesen im Pyrenäen-Hinterland werfen, gilt es, die kalten Winter und damit die Frage nach der Heizung zu bedenken. In vielen älteren Häusern gibt es überhaupt keine Heizkörper; man wärmt sich an Öl-, Kerosin- oder Butangasöfchen. Sind Heizkörper vorhanden, sollte man das System und auch die Warmwasserversorgung testen. Wichtig zu wissen ist, ob das Haus bereits an Erdgas angeschlossen bzw. ob und für wann es geplant ist und wie hoch die Umbaukosten wären. Achten sollte man vor allem beim Wohnungskauf auf die Hellhörigkeit (spätere Isolierungsmöglichkeiten bedenken), mögliche Feuchtigkeitsschäden sowie die Dichte von Dächern und Wänden.

Bei der persönlichen Finanzkalkulation sollten man bedenken, dass beim Haus- oder Wohnungskauf bis zu zehn Prozent des Kaufpreises an Gebühren und Steuern anfallen. Um böse Überraschungen zu vermeiden, sollten sich Preisbewusste beim Kauf eines Appartements in einem Gemeinschaftskomplex nach den monatlich anfallenden Kosten erkundigen. Die Pflege der Außenanlagen, Aufzug, die Bezahlung von Hausmeister/Verwalter können gewaltig zu Buche schlagen.

Kinder

Im kinderfreundlichen Spanien ist der Nachwuchs im Normalfall stets willkommen. Beim Eintritt in Burgen, Klöster, Museen, Aquarien, Erlebnisbäder usw. gibt es Rabatte für Kinder. Gleiches gilt für Übernachtungspreise auf Campingplätzen, von denen manche mit Kinderpool und Spielgerät ausgerüstet sind. In Restaurants wird man Kinderstühle nur in seltenen Fällen finden; man fragt nach einer *trona*.

Klima/Kleidung/Reisezeit

Mit typisch mediterranem Klima, durchschnittlich rund 200 Sonnentagen pro Jahr und einer Durchschnittstemperatur von angenehmen 16 °C gehört die

Costa Brava zu Spaniens klimatisch privilegierten Regionen und ist - ebenso wie Barcelona - zu jeder Jahreszeit ein lohnendes Ziel. Als niederschlagsreichste Monate gelten März–Mai und Sept.–Nov. Im Gegensatz zum Pyrenäen-Hinterland gilt Schneefall an der Küste als Rarität - wahrscheinlicher ist, dass man selbst an manchen Januar- und Februartagen die Mittagssonne draußen genießen kann. Zwischen Juni und Sept./Okt. liegen die Wassertemperaturen des Mittelmeers um die 20 °C. Berühmt-berüchtigt ist der mitunter gewaltig blasende Nordwind, der *tramontana.*

Barcelona verzeichnet folgende Durchschnittstemperaturen: Jan. 10 °C, Feb. 13 °C, März 13 °C, April 14 °C, Mai 18 °C, Juni 21 °C, Juli 25 °C, Aug. 25 °C, Sept. 22 °C, Okt. 18 °C, Nov. 16 °C, Dez. 12 °C.

In der Hochsaison *(temporada alta),* d. h. im Juli und Aug. sowie während der Karwoche, sind Heerscharen von Besuchern an der Costa Brava unterwegs - ideal für den, den es nach Sonne und Strand, nach High- und Nightlife gelüstet, aber ungeeignet für Ruhesuchende. Letztere kommen lieber in der Zwischensaison *(temporada mitja)* im Juni und Sept. oder ganz in der Nebensaison *(temporada baixa).* Das hat außerdem den Vorteil günstigerer Preise in Hotels und auf Campingplätzen - allerdings muss man bedenken, dass viele Hotels und Zeltplätze zwischen Okt. und März schließen.

Landkarten

Zu empfehlen ist die Euro-Regionalkarte »Pyrenäen - Costa Brava« aus dem RV-Verlag (Maßstab 1:300 000). In Spanien erhält man den detaillierten Kartenatlas »Guía Campsa España«, der jährlich in neuer Auflage erscheint, aber relativ viel Platz wegnimmt und sehr schwer ist.

Öffentliche Verkehrsmittel

Liegt nicht gerade - wie in Portbou, Colera, Llançà, Figueres oder Girona - ein Zugbahnhof in der Nähe, bewegt man sich am besten per Linienbus fort. Der Bus ist preisgünstig und Spaniens Verkehrsmittel Nummer eins. Selbst kleinere Städte verfügen meist über einen zentralen Busbahnhof *(estació d'autobusos).* In Barcelona sollte man das hervorragende Metronetz nutzen.

Züge bieten Preisnachlässe *(descomptes)* u. a. für Kinder von 4–11 Jahren sowie für das Hin- und Rückfahrticket *(bitlett d'anar i tornar).* Bei Barcelonas Metro lohnt sich der Kauf eines Zehnertickets, das nicht personengebunden ist und problemlos von mehreren benutzen werden darf.

Öffnungszeiten

Inmitten der Uneinheitlichkeit spanischer Öffnungszeiten kann man sich an der nachfolgenden Kurzübersicht orientieren:

Banken: Mo–Fr 8.30/9–13.30/14 Uhr (wenige auch Sa vormittags bis 12 Uhr).

Geschäfte: Mo–Fr 9/9.30–13.30 und 16.30–19.30/20, Sa 9/9.30–13.30 Uhr (manche öffnen Sa nachmittags, Gemischtwarenläden und Bäckereien auch So vormittags; in Touristenzentren vor allem in der Hauptsaison oft durchgehende Öffnungszeiten; Großkaufhäuser und Supermärkte auf der grünen Wiese haben oftmals Mo–Sa 10–21/22 Uhr geöffnet).

Post: Mo–Fr 8.30/9–13.30/14 und 16.30/17–19/20 Uhr (Sa meist nur vormittags; manche Postämter haben Mo–Fr durchgehende Schalterstunden, andere wiederum schließen allgemein nachmittags).

Touristeninformationen: Mo–Fr 9/10–13.30/14 und 16/17 Uhr–19/20 Uhr (in großen Touristenzentren während der Hochsaison häufig durchgehende Öffnungszeiten und auch Sa ganztags und So bis mittags geöffnet; in Barcelonas großen Fremdenverkehrsämtern das ganze Jahr über durchgängig Mo–Sa 10–19/20, So 10–14/14.30 Uhr).

Die meisten Museen schließen So nachmittags und Mo und viele Restaurants legen So abends und Mo ihren Ruhetag ein.

Post

Briefe und Postkarten ins europäische Ausland brauchen etwa zwei bis vier Werktage. Manche Briefe – vor allem jene mit »Einlagen« – und selbst Päckchen gehen leider immer noch auf dem Postweg verloren.

Für Postkarten und bis zu 20 g schwere Briefe nach Deutschland, Österreich und in die Schweiz gilt derselbe Tarif. Um Wartezeiten im Postamt zu vermeiden, kann man Freimarken auch in Tabakläden (Aufschrift: *Tabacs)* kaufen.

Auf dem normalen Postweg können Päckchen und Pakete innerhalb Europas durchaus zwei Wochen oder länger unterwegs sein; Eilige und auf Zuverlässigkeit Angewiesene nehmen die auch in Spanien vertretenen internationalen Kurierdienste wie UPS in Anspruch.

Sicherheitshinweise

Wo viele Menschen zusammenströmen, ob in Strandhochburgen der Costa Brava oder in Barcelona, muss man mit einem gewissen kriminellen Potenzial rechnen. Insbesondere Autos und Wohnwagen/Wohnmobile mit ausländischen Kennzeichen locken. Nicht die Vehikel an sich, sondern ihr Inhalt. Für Reisende gilt daher, nichts sichtbar im Wageninnern zurückzulassen und am besten das entleerte Handschuhfach zu öffnen. Geld und Schmuck sind im Zimmer- bzw. zentralen Hotelsafe gut aufgehoben. Stürzt man sich ins Getümmel von Wochenmärkten, auf Barcelonas Rambla oder den Trödelmarkt Els Encants, sollte man gut auf Hand- und Kamerataschen achten und an Geld nur das Nötigste mitnehmen, vorzugsweise im Geldgürtel oder in der Brusttasche.

Sport

Am Mittelmeer dreht sich naturgemäß alles rund ums Wasser: Kajakfahren, Surfen, Segeln (zwischen Portbou und Barcelona liegen rund 25 Sporthäfen), Wasserski und neue Sportarten wie Parasailing. Tauch- und Schnorchelfreunde finden ihr Paradies um die L'Estartit vorgelagerten Medes-Inseln, wo sie Korallen, Algen, Rochen, Zackenbarsche und Unterwasserhöhlen finden können; Bootsverleiher und Tauchkursanbieter haben das ganze Jahr über Saison. Für Wasserratten lohnt es sich, Maske und Schnorchel von daheim mitzubringen; vielerorts sind Badeschuhe als Schutz gegen Steine, Seeigel usw. ratsam.

Wasser-Begeisterte zieht es zur wärmeren Zeit in Erlebnisbäder/Wasserparks (z. B. in Platja d'Aro), an den See von Banyoles (Austragungsort der olympischen Ruderwettkämpfe 1992) sowie ins Pyrenäen-Hinterland nach La Seu d'Urgell; im dortigen Olympiapark (Parc Olímpic del Segre) sind Rafting, Hydrospeed, Kanu- und Kajakfahren möglich. Apropos Pyrenäen: Im Winter heißt es dort »Ski und Rodel gut«, ob in Andorra oder im Pirineu de Girona mit seinen

Wildwasserfahrten sind gerade in den Pyrenäen vielerorts möglich

Skistationen La Molina und Masella. Gut ausgewiesene Wege locken in Naturparks wie La Garrotxa und Aiguamolls de l'Empordà Wanderer und Spaziergänger an, Radler gehen den neuen Fahrradweg Olot–Girona an. Dies rund 55 km lange Stück folgt zum größten Teil einer ehemaligen und mit hohem finanziellen Aufwand gut hergerichteten Bahnstrecke – Fahrradwege sind in Spanien (noch) etwas Besonderes! Pionierarbeit hat man auch bei Banyoles mit dem ersten Mountainbike-Zentrum Spaniens geleistet.

Zum weiteren Sportangebot zählen Golf, Reitsport (viele Reitställe), Gleitschirm- und Segelfliegen. Auch in Barcelona kann man sich rundum topfit

halten: mit Jogging im Parc de la Ciutadella oder an den ausgedehnten Strandpromenaden zwischen Platja de Sant Sebastià und Platja Nova Mar Bella, mit Schwimmen in Hallen- und Freiluftpools z. B. auf dem Montjuïc (in den Piscines Bernat Picornell fanden bei der Olympiade 1992 die Schwimmwettkämpfe statt), mit Tennis auf öffentlichen Spielstätten wie den Pistes Municipals de Tennis de Montjuïc (La Foixarda s/n) und selbst mit Eis laufen in den Zentren Skating (Carrer Roger de Flor 168) und Futbol Club Barcelona (Avinguda Arístides Maillol s/n, am Fußballstadion).

Strom

Im Regelfall 220 Volt, in ländlichen Gegenden und Altstadtbauten gelegentlich noch 110 Volt. In spanische Steckdosen passen i. d. R. die normalen Stecker von daheim; falls nicht, kauft man beim Fachhändler einen Adapter *(adaptador)*.

Telefonieren

Spaniens ungeliebte Telefongesellschaft *Telefónica* pflegt seit jeher Niedrigstservice bei Hochpreispolitik. Wer nicht sein Handy mitbringt, ist also auf die hoffnungslos überteuerten und unzuverlässig funktionierenden Telefonkabinen von *Telefónica* angewiesen. Statt mit Münzen (die gelegentlich ohne Gegenleistung im Bauch des Geräts verbleiben) telefoniert man besser mit einer in Tabakläden oder an Kiosken erhältlichen Telefonkarte. Eine Alternative zu den Kabinen sind Fernsprechzentren, ebenfalls von *Telefónica.*

Bei Auslandsgesprächen ab Spanien wählt man zunächst die internationale Vorwahl 00, dann die Landeskennzahl (Deutschland 49, Österreich 43, Schweiz 41), gefolgt von der Ortsnetzvorwahl ohne Null zu Beginn und der Teilnehmernummer. Bei Telefonaten nach Spanien (internationale Vorwahl 00, dann Landeskennzahl 34) wählt man – ebenso wie bei allen Inlandsgesprächen – die komplette Nummer.

Trinkgeld

Dass Spanier mit Trinkgeld geizen, braucht kein Vorbild zu sein. In einer Dienstleistungsgesellschaft sollte guter Service mit einem angemessenen Trinkgeld honoriert werden, ob für den freundlichen Platzanweiser im Kino oder Theater, den fleißigen Gepäckträger im Hotel, den umsichtigen Taxifahrer oder den aufmerksamen Kellner im Restaurant. Auch der Zimmerservice im Hotel (bei dem man von niedrigem Lohn ausgehen kann) wird sich über ein Trinkgeld freuen.

Unterkunft

Die Statistik besagt: Alleine die über 900 offiziell registrierten Hotels, Pensionen und Gasthäuser an der Costa Brava bieten knapp 80 000 Betten. Hinzu kommen 116 Campingplätze mit einer Gesamtkapazität von 110 000 Besuchern, ganz zu schweigen von der Vielzahl der Appartementkomplexe. Um unangenehme Überraschungen zu vermeiden, sollte man sein Quartier während der Hauptferienmonate Juli und Aug. vorbuchen. Dann nämlich, wenn viele Orte aus allen Nähten platzen und manche Hotels in touristischen Hochburgen wie Lloret de Mar keine Individualreisenden aufnehmen. Vergleichsweise unproblematisch sieht es in der Zwischen- und Nebensaison aus. Im Mai oder Okt. bezahlt man – im güns-

◁ *Die Costa Brava ist auch eine Golfregion*

tigsten Fall – in einem Zwei-Sterne-Hotel für ein Doppelzimmer mitunter nur ein Drittel vom Hochsaisonpreis.

An der Costa Brava öffnen viele Hotels und Pensionen nur zwischen März/April und Okt./Anfang Nov. ihre Pforten, mitunter nur von Juni–Sept. Solcherlei Beschränkungen kennt man in Barcelona nicht. Angesichts von 7,5 Mio. Übernachtungen pro Jahr herrscht hier immer Hochbetrieb, und viele Hotels und Pensionen machen keinen Preisunterschied zwischen Juli und Jan. In der Mehrzahl der Fälle ist weder das Frühstück noch der 7%ige Mehrwertsteueraufschlag (IVA) im Preis enthalten; im Zweifel helfen Nachfragen.

Die Spanne der Unterkünfte reicht von Hotels über Appartements *(apartaments turístics)* bis zum Gasthof *(hostal)* und der Pension *(pensió,* auch *fonda).* Bei Hotels und Gasthöfen ist der Zusatz *residencia* mit dem deutschen *garni* vergleichbar. In den Feriengebieten sieht man während der Hauptferienmonate viele Schilder, die – gelegentlich auf deutsch – auf private Zimmer- bzw. Appartementvermietung hinweisen.

Auf dem Land – insbesondere in den Pyrenäen – sind **Unterkünfte in Landhäusern** *(casas de pueblo, alojamientos rurales)* immer beliebter geworden. Ausstattung und Preise sind ganz unterschiedlich. Während komplette Landhäuser wochen- oder wochenendweise zu einem festen Tarif vermietet werden, berechnet man in anderen die Übernachtung pro Person und bietet gelegentlich Frühstück, Halb- und Vollpension an. Aktuelle Informationen zu Landhausunterkünften erfragt man über die örtlichen Touristeninformationen.

Unter den Hotels nehmen die **Paradores de Turismo** eine Sonderstellung ein. Es sind stattliche Herbergen, die mit drei bis fünf Sternen gekrönt und stets vorzüglich gelegen sind. An der Costa Brava und im Pyrenäen-Hinterland sind Paradores in folgenden Orten:

- Aiguablava. Platja d'Aiguablava, ✆ 972 62 21 62, Fax 972 62 21 66, aiguablava@parador.es, vier Sterne
- Cardona. Burg oberhalb des Städtchens, ✆ 938 69 12 75, Fax 938 69 16 36, cardona@parador.es, vier Sterne
- La Seu d'Urgell. Carrer Sant Domènec, 6, ✆ 973 35 20 00, Fax 973 35 23 09, seo@parador.es, drei Sterne
- Vic. Paraje El bac de Sau, ✆ 938 12 23 23, Fax 938 12 23 68, vic@parador.es, vier Sterne

Die Paradores haben Reservierungszentralen in Deutschland (Ibero Tours, Berliner Allee 22, D-40212 Düsseldorf, ✆ 0211/86 41 50, Fax 0211/32 86 60) und Spanien (Paradores – Central de Reservas, Requena 3, E-28013 Madrid, ✆ ab Deutschland 00-34-915 16 66 66, Fax 00-34-915 16 66 57 oder 516 66 58, info@parador.es, www.parador.es).

An der Costa Brava gibt es eine große Zahl von **Campingplätzen,** die sich im Juli und Aug. bis zum Anschlag füllen können. Alternativ zur Parzelle bieten viele Campingplätze die Möglichkeit, kleine Bungalows zu mieten. Auch hier gilt: rechtzeitige Reservierung empfehlenswert, preiswertere Übernachtungen in der Zwischen- und Nebensaison. Die Campingplätze sind durchweg gut bis sehr gut ausgestattet, bieten mitunter große Poollandschaften und überhaupt ein breites Sport- und Unterhaltungsangebot.

Weiterhin gibt es eine ganze Reihe von **Jugendherbergen,** die dem internationalen Netz angeschlossen sind:

- Barcelona. Passeig de la Mare de Déu del Coll 41–51, ✆ 932 10 51 51, 223 Plätze
- Cabrera de Mar. Veinat de Sta. Elena d'Argell, s/n, ✆ 937 59 44 48, 150 Plätze
- Canyamars. Veinat Rimblas, 14, ✆ 93 795 50 14, 150 Plätze

- El Masnou. Avinguda Srs. Cusí i Fortunet, 52, ✆ 935 55 56 00, 84 Plätze
- Empúries. Carrer Les Coves, 41, ✆ 972 77 12 00, 68 Plätze
- Figueres. Anicet de Pagès, 2, ✆ 972 50 12 13, 50 Plätze
- Girona. Carrer dels Ciutadants, 9, ✆ 972 21 80 03, 100 Plätze
- La Seu d'Urgell. Carrer Joaquim Viola, 57, ✆ 973 35 38 97, 100 Plätze
- La Molina. Carretera de Font Canaleta, s/n, ✆ 972 89 20 12, 148 Plätze
- Manresa. Plaça del Milcentenari de Manresa, s/n, ✆ 938 75 03 96, 71 Plätze
- Núria. Núria, s/n, ✆ 972 73 20 48, 138 Plätze
- Olot. Passeig de Barcelona, 15, ✆ 972 26 42 00, 94 Plätze
- Planoles. Carretera de Nevà Prat Cap Riu, s/n, ✆ 972 73 61 77, 170 Plätze
- Vic. Avinguda Olimpia, s/n, ✆ 938 89 49 38, 139 Plätze

Zeitungen

Aufgrund der Vielzahl deutscher (Langzeit-) Urlauber sind tagesaktuelle deutsche Zeitungen vielerorts erhältlich.

In Fremdenverkehrsämtern liegt gelegentlich »Amigos – Deutsches Urlaubsmagazin« kostenlos zum Mitnehmen aus; das Blatt bietet u. a. Immobilienanzeigen.

Zoll

Dank des Schengener Abkommens sind für EU-Bürger die Beschränkungen für den privaten Warenverkehr aufgehoben. Gleichwohl gelten folgende Richtmengen pro Person: 800 Zigaretten, 90 l Wein, 10 l Spirituosen. Für Schweizer gelten folgende Beschränkungen: 200 Zigaretten, 2 l Wein, 1 l Spirituosen mit mehr als 15 % Alkoholgehalt bzw. 2 l mit weniger als 15 % Alkoholgehalt.

Auch wenn patriotische Katalanen es gern anders sähen, ist und bleibt die Region ein Teil Spaniens. Will heißen: Spanisch wird hier gleichermaßen gesprochen, zumal nicht jeder Bewohner Kataloniens Katalane ist und sich nicht zwangsläufig jeder Katalane mit dem *català* als Ausdruck regionalen Selbstbewusstseins identifiziert. Von Touristen wird ohnehin nicht erwartet, dass sie *català* sprechen können – allerdings sollte man angesichts katalanischer Beschilderungen mit einigen Ausdrücken vertraut sein – und ein freundliches *bon dia* (Guten Tag) zur rechten Zeit ebnet den Weg zu tieferen Kontakten. Die nachfolgenden Sprachhilfen tragen der komplizierten Situation Rechnung und führen Ausdrücke und Wörter auf »Hochspanisch« und Katalanisch an.

Ein Hinweis zur Schriftsprache: Wird der folgende Ausdruck oder Satz ein Ausruf oder eine Frage, stellt man ihm ein umgekehrtes Ausrufungs- bzw. Fragezeichen voran. Substantive werden meist klein geschrieben.

Deutsch – Spanisch – Katalanisch

Im Alltag

Guten Morgen/ guten Tag – buenos días – bon dia
Guten Abend – buenas tardes – bona tarda
Gute Nacht – buenas noches – bona nit
Willkommen – bienvenido – benvingut
Hallo! – ¡hola! – ¡hola!
Auf Wiedersehen – adiós/hasta luego – adèu
Wie geht's? – ¿Como estás? – ¿Com anem?
danke – gracias – gràcies
bitte – por favor – si us plau
Sprechen Sie deutsch? – ¿Habla alemán? – ¿Parla vostè alemany?
Ich heiße – Me llamo – Em dic
ja – si – si
nein – no – no
Wo ist …? – ¿Donde está …? – ¿On és …?
Wie heißt das? – ¿Como se llama esto? – ¿Com es diu això?
Können Sie mir helfen? – ¿Me podría ayudar? – ¿Em pot ajudar?

Wochentage

Montag – lunes – dilluns
Dienstag – martes – dimarts
Mittwoch – miércoles – dimecres
Donnerstag – jueves – dijous
Freitag – viernes – divendres
Samstag – sábado – dissabte
Sonntag – domingo – diumenge

Beschilderungen (in der Stadt, Monumente)

Touristeninformation – oficina de turismo – oficina de turisme
Stadtzentrum – centro de la ciudad/centro urbano – centre ciutat/centre vila/centre urbà
Altstadt – casco antiguo – casc antic/barri vell
Platz – plaza – plaça
Straße – calle – carrer
breitere Straße/Avenue – avenida – avinguda
Promenade – paseo – passeig
Stadtviertel – barrio – barri
Haus – casa – casa
Rathaus – ayuntamiento – ajuntament/casa de la ciutat
Kathedrale – catedral – catedral
Kirche – iglesia – església
Stiftskirche – colegiata – collegiata
Kloster – monasterio – monestir

Konvent	– convento – convent
Kreuzgang	– claustro – claustre
Kastell	– castillo – castell
Palast	– palacio – palau
Turm	– torre – torre
Park	– parque – parc
Gärten	– jardines – jardins
Markt	– mercado – mercat
Brücke	– puente – pont
Hafen	– puerto – port

Beschilderungen (auf dem Land; Natur/Berge/Strand)

Strand	– playa – platja
Bucht	– bahía – badia
kleine Bucht	– cala – cala
Kap	– cabo – cap
Landspitze	– punta – punta
Aussichtspunkt	– mirador – mirador
Fluss	– río – riu
Insel	– isla – illa
Gebirge	– sierra – serra
Berg	– montaña – muntanya
Pyrenäen	– Pirineos – Pirineu
Tal	– valle – vall
See	– lago – estany
Stausee	– pantano – pantà
Dolmen	– dolmen – dolmen
Naturpark	– Parque Natural – Parc Natural
Heiligtum	– santuario – santuari
Einsiedelei	– ermita – ermita
vorgeschichtliche Höhlenmalereien	– pinturas rupestres – pintures rupestres
ausgeschilderter Wanderweg	– sendero indicado/ camino señalizado – itinerari pedestre senyalitzat

Kultur/Volkskultur

Museum	– museo – museu
Stiftung	– fundación – fundació
Konzert	– concierto– concert
Theater	– teatro – teatre
Ausstellung	– exposión – exposició

Typisch katalanischer Volkstanz ist die *sardana,* zu der wiederum eine Sardana-Kapelle gehört, die *cobla.*

Eintritt/Öffnungszeiten

Preis	– precio – preu
Öffnungszeiten	– horario – horari
geschlossen	– cerrado – tancat
montags geschlossen	– lunes cerrado – dilluns tancat
Werktage	– días laborables – feiners
Feiertage	– festivos – festius
morgens	– por la mañana – matí
nachmittags/ abends	– por la tarde – tarda
geführter Besuch	– visita guíada – visita guiada

Hotel/Pension

Ich suche ein Zimmer	– Busco una habitación – Busco una habitació
Wieviel kostet das Zimmer pro Nacht?	– ¿Cuánto cuesta la habitación por noche? – ¿Quant val l'habitació per nit?
Kann ich das Zimmer sehen?	– ¿Podría ver la habitación? – ¿Puc veure l'habitació?
Hochsaison	– temporada alta – temporada alta
Zwischensaison	– temporada media – temporada mitja
Nebensaison	– temporada baja – temporada baixa
komplettes Bad	– baño completo – bany complet

mit Dusche	– con ducha
	– amb dutxa
mit Balkon	– con balcón
	– amb balcó
mit Meerblick	– con vista al mar
	– amb vista al mar
Safe	– caja fuerte
	– caixa forta
Zimmertelefon	– teléfono habitación
	– telèfon habitació
Klimaanlage	– aire acondicionado
	– aire condicionat
Heizung	– calefacción
	– calefacció
Parkplatz	– aparcamiento
	– aparcament
Schwimmbad	– piscina – piscina
Halbpension	– media pensión
	– mitja pensió
Vollpension	– pensión completa
	– pensió completa
Kann ich mit Kreditkarte bezahlen?	– ¿Podría pagar con tarjeta de crédito?
	– ¿Puc pagar amb targeta de crèdit?

Camping

Campingplatz	– camping – càmping
Preis pro Nacht	– precio por noche
	– preu per nit
Zelt	– tienda de campaña
	– tenda
Erwachsene	– adultos – adults
Kinder	– niños – nens
Auto	– coche – cotxe
Parzelle	– parcela – parcel.la
Wohnwagen	– caravana – caravana
Strom	– corriente/electricidad
	– corrent/electricitat
Wasser	– agua – aigua

Essen/Trinken

Restaurant	– restaurante
	– restaurant
Speiseraum	– comedor – menjador
Bar	– bar – bar
Café	– cafetería – cafeteria
Tagesmenü	– menú del día
	– menú del dia
Tellergerichte	– platos combinados
	– plats combinats
Speisekarte	– carta – carta
Die Speisekarte, bitte	– La carta, por favor
	– La carta, si us plau
typische Küche	– cocina típica
	– cuina típica
Katalanische Küche	– cocina catalana
	– cuina catalana
Appetithäppchen	– tapa – tapa
Kaffee	– café – cafè
Milchkaffee	– café con leche
	– café amb llet
Tee	– té – te
Milch	– leche – llet
Zucker	– azúcar – sucre
Orangensaft	– zumo de naranja
	– suc de taronja
Brot	– pan – pa
Eier	– huevos – ous
Salat	– ensalada – amanida
Fleisch	– carne – carn
Fisch	– pescado – peix
Meeresfrüchte	– mariscos – marisc
Gemüse	– verduras – verdures
Eis	– helado – gelat
Mineralwasser	– agua mineral
	– aigua mineral
Mineralwasser mit Kohlensäure	– agua mineral con gas
	– aigua mineral amb gas
Rotwein	– vino tinto – vi negre
Roséwein	– rosado/clarete
	– vi rosat
Weißwein	– vino blanco – vi blanc

Bier – cerveza – cervesa
Sekt – champán
– cava (= katalanischer *Schampus)*
Ich möchte bezahlen – Quería pagar, por favor
– El compte, si us plau
Toiletten – servicios – serveis

Geld
Geldtausch – cambio de moneda
– canví de moneda
Bank – banco – banc
Kreditkarte – tarjeta de crédito
– targeta de crèdit
Geldautomat – cajero automático
– caixer automàtic

Einkäufe
Shoppingzentrum – centro comercial
– centre comercial
Markt – mercado – mercat
Ausverkauf – liquidación
– liquidació
Obst – fruta – fruita
Kilo – kilo – quilo
Gramm – gramos – grams
Wieviel kostet das? – ¿Cuánto cuesta esto?
– ¿Quant val això?
Farbe – color – color
Größe – talla – talla
Buchhandlung – librería – llibreteria
Metzgerei – carnicería – xarcuteria
Post – correos – correu
Stadtplan – plano callejero
– pla de la ciutat
deutsche Zeitungen – periódicos alemanes
– diaris alemanys

Auto
Auto – coche – cotxe
Autovermietung – alquiler de coches
– lloguer de cotxes
unbegrenzte Kilometer – kilometraje ilimitado
– quilometratge il.limitat
Versicherung – seguro
– assegurança
Führerschein – carnet/permiso de conducir
– carnet
Parkplatz – aparcamiento
– aparcament
Garage – garage – garatge
Unfall – accidente – accident
Polizei – policía – policia
Krankenwagen – ambulancia
– ambulància
Man hat mir mein Auto aufgebrochen – Me han abierto el coche
– M'han obert el cotxe
Autowerkstatt – taller
– taller de reparació de vehicles

Transport/Verkehrsmittel
Bus – autobús – autobús
Busbahnhof – estación de autobuses
– estació d'autobusos
Haltestellen – paradas – parades
Zug – tren – tren
Bahnhof – estación – estació
Ticket – billete – bitllet
Taxi – taxi – taxi
Flughafen – aeropuerto – aeroport

Abendstimmung vor Tossa de Mar ▷

Orts- und Sachregister

(Fette Ziffern verweisen auf ausführliche Erwähnungen, die kursiv gesetzten Begriffe bzw. Seitenzahlen beziehen sich auf Angaben im Service von A bis Z.)

Namenregister

Zeichenerklärung

Auf den grünen Info-Seiten dieses Buches werden die folgenden Symbole verwendet:

- Information
- Hotel, Motel, Pension
- Camping
- Restaurant
- Café
- Bar, Nachtlokal
- Sehenswürdigkeit, Aussichtspunkt
- Museum
- Naturschutzpark, Park
- Strand, Swimmingpool
- Sport und Erholung, Wandern
- Hits für Kids
- Einkaufen
- Musik, Konzerte
- Theater, Feste
- Bootsausflüge
- Flughafen
- Zugverbindung
- Busverbindung
- U-Bahn
- Parkplätze

Das ☆-Symbol in den Karten verweist auf Sehenswürdigkeiten.

Hotels/Pensionen: Die als Richtwert zu verstehenden Preiskategorien werden durch €-Zeichen (für Euro) unterschieden:

€ – unter 42 Euro (7 000 Pesetas)
€€ – 42 bis 90 Euro (7 000 bis 15 000 Pesetas)
€€€ – über 90 Euro (15 000 Pesetas)

Restaurants: Die Preiskategorien für ein Tagesmenü oder Tellergericht werden ebenfalls durch €-Zeichen (für Euro) angegeben:

€ – unter 12 Euro (2 000 Pesetas)
€€ – 12 bis 24 Euro (2 000 bis 4 000 Pesetas)
€€€ – über 24 Euro (4 000 Pesetas)

Literaturtipps

Zum Schluss ein Hinweis auf interessante Bücher zum Thema: hilfreiche Nachschlagewerke, Lektüre zum Schmunzeln, für spannende Abende oder als Einstimmung auf die Reise.

Romane, Erzählungen

- Hofmann, Felix: **Wüste Küste – Costa Brava Geschichten**. Jenior und Pressler Verlag, Kassel. Satirische Erzählungen rund um das wüste (Urlaubs-)Leben an der Costa Brava. Für Leser mit einem Faible für Ironie und Sarkasmus.
- Martín, Andreu/Ribera, Jaume: **Flanagan de Luxe**. Gulliver Taschenbücher, Beltz Verlag, Weinheim. Gefährlicher Auftrag für den populären Jugendbuch-Detektiv Flanagan: Ein Diebstahl von Ecstasy-Pillen führt ihn geradewegs hinein in die Schickimicki-Szene der Costa Brava. Spannend und witzig erzählt.
- Vázquez Montalbán, Manuel: **Carvalho und die tätowierte Leiche**. Rowohlt Verlag, Reinbek. Ein kniffliger und lesenswerter Fall für Barcelona-Detektiv Pepe Carvalho – ebenso wie »Carvalho und der Mord im Zentralkomitee«, »Carvalho und der tote Manager« und »Undercover in Madrid«. Dem 1939 geborenen Kultautor geht es in seinen Krimis nach eigenem Bekunden stets auch darum, »die Geschichte Spaniens transparent zu machen.«

Geschichte

- Bernecker, Walther L./Pietschmann, Horst: **Geschichte Spaniens**. Kohlhammer Verlag, Stuttgart. Spaniens Historie von der frühen Neuzeit bis zur Gegenwart. Ein Pflicht-Nachschlagewerk für jeden Spanien-Interessierten.
- Heinen, Eugen: **Sephardische Spuren**. Winfried Jenior Verlag, Kassel (Band I 2001 erschienen; Band II Ende 2001). Aufschlussreicher zweibändiger Führer durch die Judenviertel in Spanien samt einer Einführung in die Geschichte des Iberischen Judentums. Überdies stellt der Autor in Kurzbiographien 300 bedeutende jüdische Persönlichkeiten aus den Bereichen Literatur, Wissenschaft, Philosophie und Politik vor.
- Pérez, Joseph: **Ferdinand und Isabella – Spaniens Katholische Könige**. Diederichs Verlag, München. Weniger eine klassische Biografie als eine interessante Abhandlung über den Aufstieg Spaniens Ende des 15./Anfang des 16. Jahrhunderts, u. a. auch über den Bürgerkrieg in Katalonien (1462–72).
- **Spanien-Ploetz**. Ploetz Verlag, Freiburg. Spaniens Geschichte zum Nachschlagen. Gefüllt mit verlässlichen Daten und Fakten; thematisch reichen die Essays und Zeittafeln von der Altsteinzeit bis in die Gegenwart. Ein separater Abriss zur Geschichte Andorras rundet das handliche Standardwerk ab.

Kunstgeschichte

- **Die visuelle Geschichte der Kunst**. Gerstenberg Verlag, Hildesheim. Über 500 Seiten starkes Nachschlagewerk für Jugendliche und Erwachsene, das mit vielen Farbbildern ausgestattet ist und größere kunsthistorische Zusammenhänge vermittelt, u. a. zu den mit Katalonien eng verbundenen Jahrhundertgenies Salvador Dalí und Pablo Picasso.

Barcelona

- Baumli, Othmar/Drouve, Andreas: **Barcelona**. Terra Magica/Reich Verlag, Luzern. Gut ausgestatteter, Ende 2000 erschienener Bildband, der die wichtigsten Aspekte der Mittelmeer-Metropole zeigt. Mit aktuellen Texten.
- Friedrichs, Hanns Joachim: **Olympische Spiele Barcelona**. Naumann & Göbel Verlag, Köln. Der fachkundig kommentierte Band frischt das Gedächtnis auf, wie es im Sommer 1992 war, als Franziska van Almsick am Schwimmerhimmel auftauchte und sich die deutschen Tennisstars Boris Becker und Michael Stich auf den Doppel-Olymp spielten. Mit 300 Farbfotos.

- Genzmer, Herbert/Marenits, Franz (Hg.): **Europa erlesen – Barcelona**. Wieser Verlag, Klagenfurt. Sorgsam zusammengestellte Auswahl von Texten, die sich um Barcelona ranken. Zu Wort kommen u. a. Salvador Dalí, George Orwell, Hans Magnus Enzensberger und Cees Nooteboom.
- Salvador, Tomás: **Ich, Barcelona**. R. G. Fischer Verlag, Frankfurt am Main. Aus überraschender Ich-Perspektive lässt der Autor die Stadt Barcelona erzählen: über ihre Geschichte, von ihren Menschen und Vierteln.

Flora, Fauna, Natur
- **Das visuelle Lexikon der Pflanzen und Tiere**. Gerstenberg Verlag, Hildesheim. Vorzüglich aufbereiteter Standardband für Erwachsene und Jugendliche. Fotos und Layout sind ein Genuss, die Texte informieren auch über viele an der Mittelmeerküste und in den Pyrenäen vorkommende Pflanzen und Tiere.
- **Parc de Collserola**. Patronat Metropolità del Parc de Collserola, Barcelona. Farbig bebilderter Band zum 6 000 Hektar großen Naturpark Collserola, der im Hinterland von Barcelona liegt. Dreisprachige Ausgabe (englisch, spanisch, katalanisch), zusätzlicher Wanderführer »A peu per Collserola« nur auf *català.*

Stierkampf
- Braun, Karl: **Toro – Spanien und der Stier**. Wagenbach Verlag, Berlin. Aktuell, kompetent und kompakt geht das Sachbuch diesen besonderen Aspekt der spanischen Volkskultur an.

Wein
- Duijker, Hubrecht: **Atlas der Spanischen Weine**. Hallwag Verlag, Bern. Großformatiger, reich bebilderter Band, der Lagen, Produzenten und Weinstraßen in den Mittelpunkt stellt.
- Read, Jan: **Spaniens Weine**. Hallwag Verlag, Bern. Band in handlichem Taschenformat, der auch auf Rebsorten und Erzeuger in Katalonien eingeht.

Küche
- Baur, Eva Gesine/Seifert, Anuschka: **Spanien. Der Reichtum der einfachen Küche**. Deutscher Taschenbuch Verlag, München. Eine Rezepte-Fundgrube für Liebhaber katalanischer Küche, u. a. mit *bolets a la llauna* (Pilze aus der Pfanne), *suquet de peix* (Fischsuppe) und *crema catalana* (Eierpudding).
- Jenior, Winfried: **Tapas. Spezialitäten aus Spanien**. Winfried Jenior Verlag, Kassel. Ideales Rezeptbüchlein für die Liebhaber der bekannten spanischen Appetithäppchen.
- Schmid, Johannes: **Spanische Fischküche**. Winfried Jenior Verlag, Kassel (2001 erschienen). Über Rezepte hinaus gibt der Autor, der u. a. in Barcelona gelebt hat, auch Tipps für den Einkauf auf dem Fischmarkt und führt in die Kunst der Zubereitung von Fisch und Schalentieren ein.

Spanien-Almanach
Jedes Jahr gibt der Winfried Jenior Verlag (Kassel) einen Spanien-Almanach heraus, der unterhaltsame und informative Texte zu Land und Leuten, zu Kultur und Alltag in den verschiedenen Regionen Spaniens bietet. So geht es im Almanach 2001 schwerpunktmäßig um »Begegnung der Kulturen« mit Texten u. a. zu Sprachkursen, Workcamps, Kulturangeboten, Studium in Spanien, Jugendaustausch und Städtepartnerschaften. Weiterhin interessant: gastronomische Themen, Buchtipps, kuriose Kurzmeldungen sowie Adressen/Informationen rund um die spanische Infrastruktur in Deutschland (Kulturinstitute, Vereine, Buchhandlungen mit Spanien-Sortiment etc.).

Vista Point Pocket Guides gehören in Ihr Handgepäck!

Seiten mit 96 Farb-
. und 12 Karten.
l 3-88973-334-4

240 Seiten mit 144 Farbabb. und 32 Karten.
ISBN 3-88973-324-7

200 Seiten mit 95 Farbabb. und 21 Karten.
ISBN 3-88973-325-5

216 Seiten mit 101 Farbabb. und 14 Karten.
ISBN 3-88973-330-1

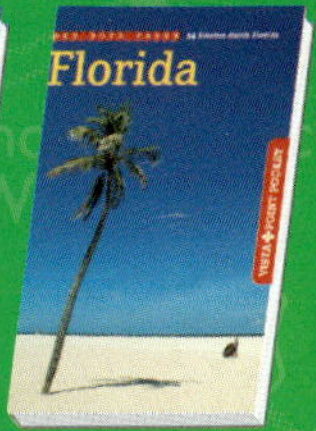

240 Seiten mit 111 Farbabb. und 15 Karten.
ISBN 3-88973-327-1

) Seiten mit 138 Farb-
). und 19 Karten.
3N 3-88973-326-3

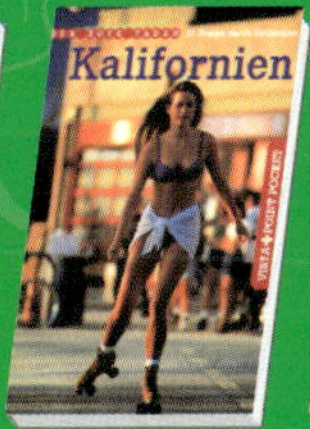

246 Seiten mit 144 Farbabb. und 22 Karten.
ISBN 3-88973-321-2

240 Seiten mit 95 Farbabb. und 10 Karten.
ISBN 3-88973-312-3

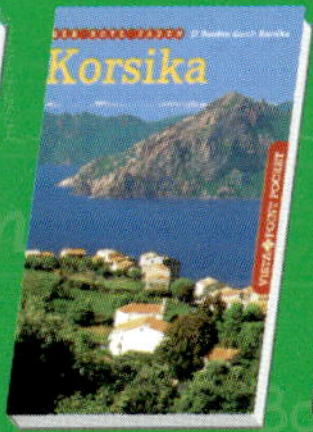

240 Seiten mit 80 Farbabb. und 20 Karten.
ISBN 3-88973-333-6

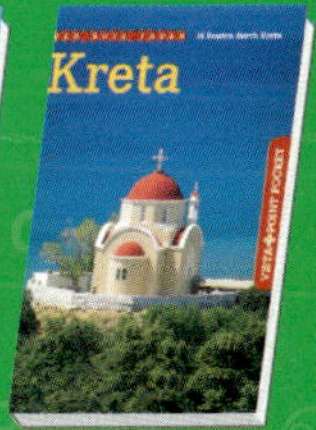

224 Seiten mit 90 Farbabb. und 7 Karten.
ISBN 3-88973-337-9

2 Seiten mit 100 Farb-
b. und 3 Karten.
3N 3-88973-336-0

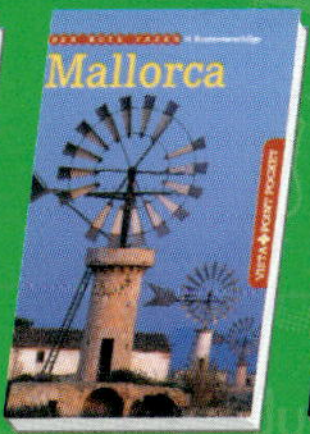

240 Seiten mit 96 Farbabb. und 8 Karten.
ISBN 3-88973-335-2

240 Seiten mit 136 Farbabb. und 13 Karten.
ISBN 3-88973-329-8

240 Seiten mit 90 Farbabb. und 10 Karten.
ISBN 3-88973-341-7

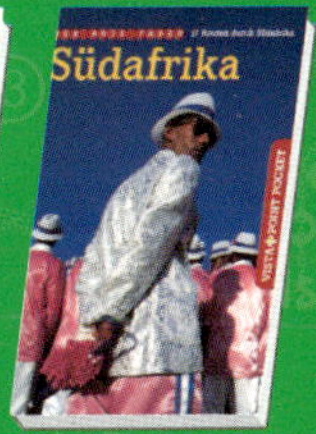

240 Seiten mit 104 Farbabb. und 24 Karten.
ISBN 3-88973-322-0

16 Seiten mit 119 Farb-
b. und 23 Karten.
3N 3-88973-320-4

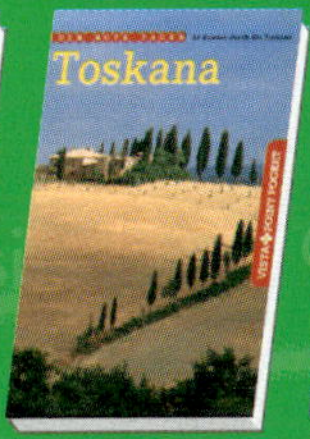

240 Seiten mit 90 Farbabb. und 10 Karten.
ISBN 3-88973-340-9

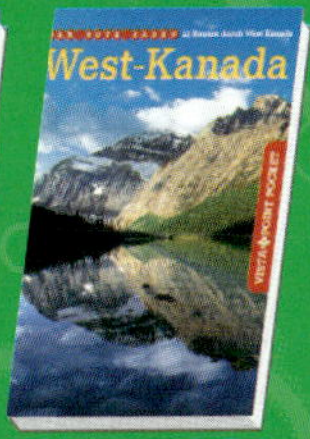

216 Seiten mit 104 Farbabb. und 21 Karten.
ISBN 3-88973-323-9

Besonders geeignet für preisbewusste Individualreisende

Tobias Büscher, Köln : S. 137, 138, 143, 144, 158, 184
Andreas Drouve, Pamplona: S. 11, 140, 145, 147, 152/153, 165, 202/203
Elisabeth Galikowski, Heidelberg: Titelbild, S. 7, 48, 49, 53, 94/95, 121
Miguel Gonzalez/laif, Köln: S. 124
Monica Gumm/White Star, Hamburg: S. 9, 128 /129, 132, 150, 156
Volkmar E. Janicke, München: S. 2/3, 12, 31, 40, 60, 75, 87, 88/89, 90, 93, 176/177
Charlotte Joël-Heinzelmann/Suhrkamp-Verlag, Frankfurt/M.: S. 30
Ralf Schultheiß/Bilderberg, Hamburg: S. 76, 77, 97
Tino Soriano/Bilderberg, Hamburg: S. 79, 81, 92, 131, 133, 163, 164, 172, 175, 197
Spanisches Fremdenverkehrsamt, Düsseldorf: S. 45, 50, 58/59, 62, 65, 98, 101, 103, 107, 109, 110/111, 113, 115, 118, 154, 159, 167, 185, 188, 193, 194
Jörg Steinert/White Star, Hamburg: S. 34/35
White Star, Hamburg: S. 125
T. P. Widmann/White Star, Hamburg: Schmutztitel (S. 1), S. 32/33, 37, 39, 47, 70/71, 73, 82/83, 84, 99, 161, 170/171, 186, Umschlagrückseite
Samuel Zuder/Bilderberg, Hamburg: S. 68

Alle übrigen Abbildungen stammen aus dem Archiv des Vista Point Verlags, Köln.

Titelbild: Cadaqués bietet mit seinem Mix aus Fischern, Künstler und Touristen ein Bilderbuchambiente. Foto: Elisabeth Galikowski, Heidelberg
Vordere Umschlagklappe: Übersichtskarte der Costa Brava
Schmutztitel (S. 1): Typischer Anblick in den kleinen Küstenorten: Fischer beim Netzeflicken. Foto: T. P. Widmann/White Star, Hamburg
Haupttitel (S. 2/3): Küste bei Tossa de Mar. Foto: Volkmar E. Janicke, München
Hintere Umschlagklappe: Stadtplan von Barcelona
Umschlagrückseite: Tossa de Mar, Marc Chagalls »blaues Paradies«. Foto: T. P. Widmann/White Star, Hamburg

Reihenkonzeption: Horst Schmidt-Brümmer, Andreas Schulz
Lektorat: Eva Bindheim
Layout und Herstellung: Sandra Penno-Vesper, Andreas Schulz
Layoutkonzeption: Joachim Kubowitz/luxsiebenzwo, Köln
Reproduktionen: Litho Köcher, Köln
Kartographie: Berndtson & Berndtson Productions GmbH, Fürstenfeldbruck; DTP Grafik, Korschenbroich
Druck und buchbinderische Verarbeitung: Gráficas Santamaría, S.A., Vitoria, Spanien
Illustrationen: Martina Pütz, Köln
NR

Gedruckt auf chlorfrei gebleichtem Papier

Printed in Spain
ISBN 3-88973-338-7